羽毛球
全方位指南

突破業餘邁向頂尖的增強式訓練

王　琳———編著

A Comprehensive Guide
to Badminton

笛藤出版

國家圖書館出版品預行編目 (CIP) 資料

羽毛球全方位指南：突破業餘邁向頂尖的增強式訓練 / 王琳編著 .
-- 初版 . -- 臺北市 : 笛藤出版 , 2024.09
　面；　公分
ISBN 978-957-710-927-9(平裝)

1.CST: 羽毛球

528.959　　　　113009764

羽毛球全方位指南
突破業餘邁向頂尖的增強式訓練

2024 年 9 月 27 日　初版第 1 刷　定價 380 元

編　　著	王　琳
總 編 輯	洪季楨
封面設計	王舒玗
編輯企劃	笛藤出版
發 行 所	八方出版股份有限公司
發 行 人	林建仲
地　　址	台北市中山區長安東路二段 171 號 3 樓 3 室
電　　話	(02) 2777-3682
傳　　真	(02) 2777-3672
總 經 銷	聯合發行股份有限公司
地　　址	新北市新店區寶橋路 235 巷 6 弄 6 號 2 樓
電　　話	(02) 2917-8022・(02) 2917-8042
製 版 廠	造極彩色印刷製版股份有限公司
地　　址	新北市中和區中山路二段 380 巷 7 號 1 樓
電　　話	(02) 2240-0333・(02) 2248-3904
印 刷 廠	皇甫彩藝印刷股份有限公司
地　　址	新北市中和區中正路 988 巷 10 號
電　　話	(02) 3234-5871
郵撥帳戶	八方出版股份有限公司
郵撥帳號	19809050

免責聲明

　　作者和出版商都已盡可能確保本書技術上的準確性以及合理性，並特別聲明，不會承擔由於使用本出版物中的材料而遭受的任何損傷所直接或間接產生的與個人或團體相關的一切責任、損失或風險。

內容提要

　　本書由羽毛球世界冠軍、浙江省羽毛球女隊總教練、前中國羽毛球女隊隊員王琳根據多年實戰和指導經驗編寫，並親自拍攝了書中的圖片示範技術動作。本書使用大量的全彩圖片，採用多角度、連拍的方式，從連貫動作、局部細節、球員動作方向和羽毛球運動軌跡等多個層面講解關鍵技術動作。本書共分 7 章，分別介紹了羽毛球運動的基礎知識、熱身方法、基本的握拍方法及訓練方法、基本的步法、單打的賽制和技戰術、雙打的賽制和技戰術、技戰術高手進階。透過閱讀本書，讀者可以迅速瞭解羽毛球的基礎知識、訓練技巧比賽規則等。

目錄

第3章 基本握拍方法及訓練方法

第4章 羽毛球步法

第5章　羽毛球單打

第6章　羽毛球雙打

第7章 高手進階篇

第1章

初識羽毛球運動

這一章主要針對羽毛球運動的基礎知識進行介紹和講解，其中包括專用手勢及術語、比賽制度、場地介紹、器材介紹、裝備介紹。

專用手勢及術語

裁判員手勢及術語

停止練習

換發球（指向發球方）

第二發球、連擊

持球、拖帶

觸網

過網擊球

暫停

方位錯誤

得分
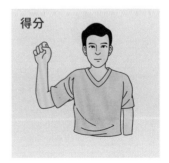

擊球瞬間,球拍杆未指向下方,整個拍頭未明顯低於發球員的整個握拍手部。

擊球瞬間,球的整體未低於發球員的腰部。

不正當延誤發球出擊,發球員球拍向前揮動不連續。

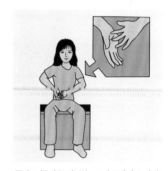

發球擊出錢,腳不在發球區內、觸線或移動。

最初的擊球點不在球托 (也稱「球頭」) 上。

界外

界內

視線被擋住

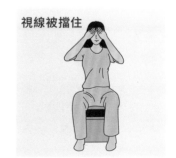

2 比賽制度

計分方法

比賽採用21分制。新規則實行每球得分制。每局比賽，除下述兩種情況外，分數先達21分的一方，該局獲勝：雙方比分20平後，率先領先2分的一方，該局獲勝；29平後，分數先達30分的一方，該局獲勝。除非另有規定，整場比賽採用3局2勝制。

場區規則

（1）以下情況，運動員應交換場區。①第一局結束。②第三局開始。③第三局或只進行一局的比賽，一方分數達到11分時。（2）如果運動員未按以上規則交換場區，一經發現，雙方在死球時立即交換，已得分數有效。

發球和重發球

（1）得分者方同時獲得發球權。一局中，發球員的分數為0或雙數時，雙方運動員均應在各自右發球區發球或接發球；發球員得分為單數時，雙方運動員均應在各自左發球區發球或接發球。（2）以下情況，運動員應重發球。「重發球」時，最後一次發球無效，原發球員重發球。①遇到不能預見的意外情況。②除發球外，球過網後掛在網上或停在網頂。③發球時，發球員和接發球員同時違例。④發球員在接發球員未做好準備時發球。⑤比賽進行中，球托與球的其他部分完全分離。⑥司線員未看清球的落點，裁判員也不能做出決定時。

比賽連續性

每局比賽，一方分數達到11分時，進行1分鐘的技術暫停，讓雙方進行擦汗、喝水等活動。每局比賽之間允許有2分鐘的間歇。除上述兩種情況外，比賽自第一次發球開始至該場比賽結束應是連續的。除非有特殊情況（比如地板濕了、球打壞了等）發生，運動員不可再提出中斷比賽的要求。

3 場地介紹

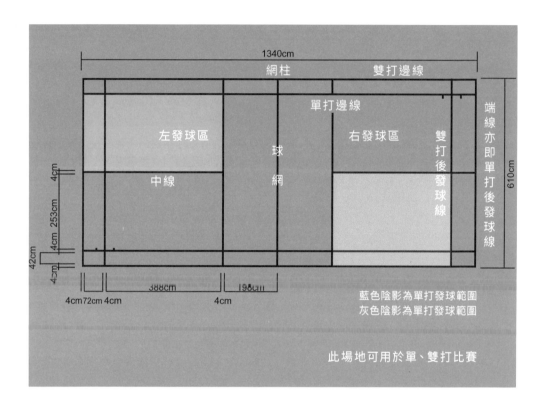

羽毛球場地是中央被球網(邊線觸網高1.55公尺,中間頂部網高1.524公尺)平均分開的長方形場地。場地上高空9公尺,周圍2公尺內不得有障礙物。球網一側場地橫向被中線網一側場地橫向被中線平分兩個半區;縱向被分為前場,終場、後場。前場是從前面發球線到球網之間的場地;後場是從端線到雙打後發球之間的場地;中場是前發球線與雙打後發球線之間的場地。

4 器材介紹

球網與球柱

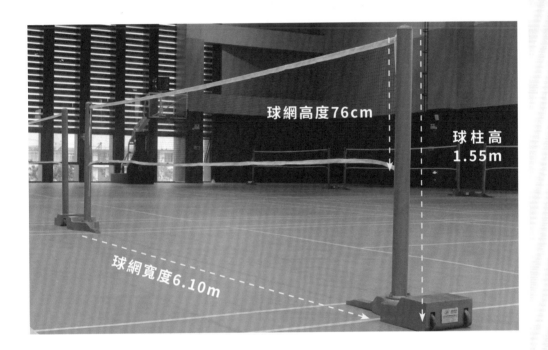

球網高度76cm

球柱高
1.55m

球網寬度6.10m

羽毛球

羽毛球主要由羽毛和球頭組成，其構造複雜而又勻稱。先來介紹一下羽毛球的羽毛。

羽毛

羽毛球的羽毛主要由鵝毛或鴨毛製成。優質羽毛球的羽毛由鵝毛製成，長度為6~7公分，共16根。羽冠的直徑為5.8~6.8公分。羽毛按照形狀，可以分為直刀毛和斜刀毛。斜刀毛主要用於生產家庭娛樂和小學生活動所用的羽毛球，直刀毛則主要用於生產中、高級羽毛球。羽毛裁制率：一隻鴨子有兩個翅膀，平均每個翅膀的羽毛裁制率約為16根；一隻鵝有兩個翅膀，平均每個翅膀的羽毛裁制率約為20根。標準A級別比賽用球，兩個翅膀的羽毛裁制率，鴨為3~4根，鵝為5~6根；標準B級別，兩個翅膀的羽毛裁制率，鴨約4根，鵝約4根；標準C級別，兩個翅膀的羽毛裁制率，鴨約4根，鵝約4根。頂級羽毛球的羽毛，必須由16根順滑、潔白的羽毛以相同的角度排列而成。

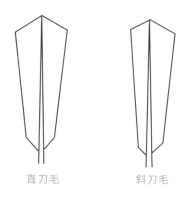

直刀毛　　　　　斜刀毛

球頭

按製作材料，可分為硬質塑膠球頭、泡沫塑料球頭、台纖球頭、軟木球頭。現在常用的是台纖球頭和軟木球頭。中、高檔羽毛球均採用軟木球頭。

臺纖球頭：「臺纖」就是臺灣某軟木廠生產的化纖材料，具有重量輕、耐打、硬度好的特點。這種球頭的上層為台纖材料，下層為軟木（軟木顆粒或整體軟木）。軟木球頭：軟木球頭又分為三種，分別是整體軟木球頭、複合軟木球頭、再生軟木球頭。整體天然軟木球頭的表現最出色，穩定，耐打，一般用在頂級的鵝毛球中。但是由於氣候、品種、生產年限的局限，很多天然軟木球頭的品質並不是很好，容易開裂。複合軟木球頭成本較低，是用天然軟木碎屑加上專用膠水，經高壓成形。其耐打性不如整體天然軟木球。再生軟木球頭的耐打性則不如前兩種，但是比較適合初學者使用，因為初學者很容易打到羽毛，對球頭的損傷性不大。

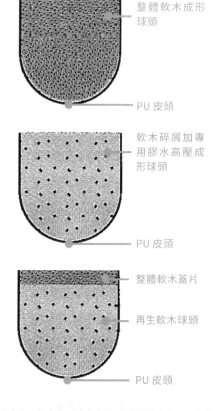

整體軟木成形球頭

PU 皮頭

軟木碎屑加專用膠水高壓成形球頭

PU 皮頭

整體軟木蓋片

再生軟木球頭

PU 皮頭

鵝毛、鵝大刀毛
毛片厚實，羽毛細密，毛杆粗壯，落點精準，更耐打

毛杆筆直粗壯
耐打，不易折斷，間隔均勻，長短一致，飛行穩定

優質複合軟木球頭
彈性好，擊打和耐用性非常出色，不易裂開，保證了飛行的穩定性

高密度線圈
細緻整齊，做工精細，美觀的同時提高了飛行的穩定性

進口膠水
膠水輕質細膩，黏性大，牢固黏緊每一根毛片，同時提高了20% 的耐打度

球頭臺纖部分
臺纖緊湊密實，與軟木銜接結實，增強了耐打性

羽毛球的選擇

羽毛球的選擇有以下幾個標準：

(1) 外形。外形要整齊，羽毛要潔白順滑，插片的角度要一致。

(2) 羽毛杆。粗且直，膠水均勻，用手握上去要有硬度，彈性好，不變形。

(3) 穩定性。試打時，飛行穩定性好，不搖晃、不漂移。同一筒內的羽毛球性能不應該有明顯的差別。

(4) 速度。羽毛球的速度有專門的數值表示（球筒頂蓋上會有標注），數值越小，則重量越輕，球速越慢，適用於氣溫稍高的季節；數值越大，重量越大，球速越快，適用於氣溫較低的季節。從輕到重的數值標示分別為76、77、78、79或1、2、3、4。

整體結構

拍頭

有圓形拍頭和
方形拍頭之分

有效區域
（甜區）

拍框

從拍框的截面
看，有半圓形
截面、框形截
面、翼形截面
等。截面不同，
扭力也不同

球拍接頭

從外形看，有
T形接頭和 Y
形接頭。全碳
接頭從外觀看
是一體的

拍杆

連接拍框和拍
柄，上面標有
球拍參數

拍錐蓋

拍錐蓋上一般
印有球拍參數

拍柄

多為木質拍柄，
須纏繞手膠，以
減少對手部的摩
擦傷害，並吸收
汗漬

穿好線的
球拍

> ### MEMO
> 拍錐蓋上常見的參數：U-重量，數
> 值越高，重量越輕；G-拍柄的粗細，
> G1最粗，G5最細；H-橫線（磅數），
> V-分隔號（磅數）；HH-平衡點靠
> 前，拍頭重；HL-平衡點靠後，拍頭
> 輕；S-硬度，越靠近S硬度越大；F-
> 柔韌，越靠近F越柔軟

球線的種類

羽毛球線在反彈性能、耐用性能、控球性能、吸震性能、擊球手感方面都有不同的級別組合和特殊的生產工藝，以滿足不同類型選手對不同球拍和不同打法的組合需要。推薦橫、分隔號分開，四點打結的專業拉線法來拉羽線，一般為：雙打——橫24磅、豎22磅；單打——橫22磅、豎20磅（女子可減1~2磅）。

球拍的種類

從頭形狀區分可分為圓形拍頭的球拍和方形拍頭的球拍。拍頭的甜區是球拍的有效擊球區，位於球拍中心稍靠上的位置。甜區擊球威力大，震動感小，控球性好。如果拍頭增大，甜區就會變大，更容易掌控，但是拍頭加大會帶來扭力和重量方面的負面影響。

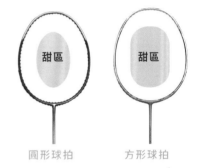

圓形球拍　　　　方形球拍

從球拍重量區分可分為U、2U、3U、4U等型號。U（UnitWeight）是重量單位，數值越高，品質越輕。較重的拍子（多為鋁框球拍）適合進攻型球員，較輕的拍子（多為全碳球拍）適合防守型球員。

從材質上區分可分為鋁框球拍和全碳球拍。目前大多數人使用全碳球拍。

球拍的選擇

想在球場上獲得最佳表現，好的球拍是必不可少的。如何選擇球拍，可以從以下幾方面來考量。

（1）拍子拿在手中是否舒服，拍柄的粗細是否合適手形大小。
（2）拍子的重量。選擇適合自己的重量。球拍重量並不是越輕越好，使用重量輕的拍子扣球時，力度會打折扣。全碳球拍的重量最輕，但價格較貴。

(3) 球拍的硬度。球拍的硬度包括拍杆的硬度和拍框的硬度。拍杆的硬度不能太大，尤其是中杆，需要有彈性。拍杆的硬度可透過揮動球拍看是否有震動感來測試，震動感較大的球拍彈性好，擊球時回彈力會形成鞭打的效果，提高球速。拍框硬度越大，觸球時就越不容易發生變形和扭動，因此拍框的硬度應大一些。

(4) 平衡點。平衡點是使球拍兩端保持平衡的點，位於拍杆中部，可透過用手指托住中杆位置的方法來確定平衡點。平衡點離拍框近的球拍，適合進攻型球員使用；平衡點離拍柄較近的球拍，適合防守型球員使用。

(5) 扭力。球拍的扭力測試：左手握拍框保持不動，右手握拍柄，將拍柄按順時針或逆時針轉動，拍面所能轉動的角度就是球拍的扭力。扭力越小，球拍對球的控制力就越好，能保證擊球的落點在擊球者的預測範圍內。扭力和球拍使用的材料有很大的關係，材料的密度越高，扭力就越小。

(6) 價格也是羽毛球運動愛好者很關心的一個方面。挑選拍子並不是越貴越好，貴的拍子各方面性能都很優秀，但是作為初學者，很難體會到拍子的優越性，因此挑選合適的就好。

5 裝備介紹

選擇球衣是有原則的。首先,要選擇較為寬鬆的服裝,但也不能過於寬鬆。太緊或太寬鬆都會對運動造成障礙。褲裝需要具有一定的彈性。其次,不要選擇純棉服裝。羽毛球運動屬於出汗較多的運動,而純棉服裝的吸汗能力有限,且吸附在上面的汗水不易蒸發,衣服會因吸收越來越多的汗水而增重,貼在身上使人感覺很不舒服。羽毛球服裝的常用面料有:滌綸棉混紡布(棉+聚酯纖維)、滌綸布(聚酯纖維)、鳥眼布和金光絨布等。這些面料舒適感不錯,有很好的透氣性,吸附在上面的汗水能很快蒸發掉。

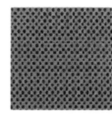

滌綸棉的混紡(棉+聚酯纖維)　　滌綸(聚酯纖維)　　　鳥眼布　　　　　金光絨

女裝上衣

男裝上衣

羽毛球服裝

女裝裙褲

男裝短褲

19

常見羽毛球女裝。女裝版型較為纖瘦。下裝除褲裝外還有外觀靚麗的裙褲。

正　　　　　背　　　　　正　　　　　背

女裝

男裝

正　　　　　背　　　　　正　　　　　背

羽毛球鞋

羽毛球鞋是羽毛球運動中非常重要的裝備，不僅要防滑，而且要減震，因此羽毛球鞋的選擇主要根據這兩點進行，具體可參考以下幾點。（1）防滑羽毛球運動多在塑膠地面和木質地板上進行，因此要選擇防滑性能好的鞋子。這類鞋子的鞋底一般由生膠或人工橡膠製成。生膠鞋底適用於木板場地，人工橡膠鞋底（軟底）適用於塑膠場地。鞋底的防滑紋路，可保證球員在急停、轉彎、後退時的穩定。常見的羽毛球鞋的紋路形狀為正八面形、平行四邊形、L形、Z形、小環形等。羽毛球鞋最好只在打羽毛球時穿，以避免鞋子被弄髒，或鞋底沾滿灰塵而變滑。（2）減震減震設計一般位於鞋子的後跟部分，這樣設計主要是考慮到羽毛球運動的扣殺和網前跨步擊球的技術特點，因此羽毛球鞋的鞋底不能太厚。同時，在羽毛球運動中，腳部後掌發力的時候比較多，因此不能使用後跟較高的鞋子。

橡膠大底

凹形護踝

透氣鞋面

Y形防護

透氣鞋面：大面積透氣網眼面為腳步帶來前所未有的輕盈。Y形防護：Y形防護，輕鬆步伐，增強防護，防止扭傷。凹形護踝：凹形護踝設計，貼合腳形，能很好地保護腳踝，防止腳踝在運動中扭傷。橡膠大底：塑造一流抓地力與耐磨性，助你輕鬆駕馭一切場地。

（3）透氣選擇有大面積透氣網眼的鞋子，其散熱性能好，舒適而輕盈。

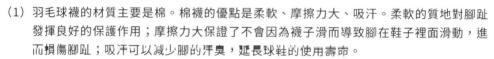

純棉質地

柔軟,吸汗,摩擦力大,保護腳部

襪底加厚

禁得住運動時的摩擦,延長使用壽命,
並發揮減震作用

一體成形

襪子前端沒有突出的縫
合線,更加結實,使腳
部(尤其是腳趾)舒適

(1) 羽毛球襪的材質主要是棉。棉襪的優點是柔軟、摩擦力大、吸汗。柔軟的質地對腳趾
發揮良好的保護作用;摩擦力大保證了不會因為襪子滑而導致腳在鞋子裡面滑動,進
而損傷腳趾;吸汗可以減少腳的汗臭,延長球鞋的使用壽命。

(2) 羽毛球襪的襪底加厚。羽毛球選手在場上的移動非常多,頻繁地做啟動、制動、蹬地
等動作導致襪子與鞋的摩擦非常多,只有加厚的襪底才能保證球襪的使用壽命。同
時,加厚的襪底對於腳部也發揮了減震和保護的作用。

(3) 羽毛球襪通常都是一體成形,沒有突出的縫線。普通棉襪大多都是在襪子的前端縫
合,這條縫線既降低了襪子的強度,又經常使腳趾產生不適感。羽毛球襪整體成形,
既保證了襪子的形狀與腳形的貼合,又消除了襪子可能對腳產生的傷害。

第2章

熱身運動

這一章主要對羽毛球運動專項熱身的方法做介紹和講解,其中包括頭部運動、肩關節運動、手臂運動、腰部運動、膝關節運動、腿部運動、手腕和腳踝運動。

1 頭部運動

前後拉伸

1.兩腳並立，雙手叉腰，目視前方。2.向前低頭，下頜努力靠近胸骨，直到後頸處的肌肉有拉伸感，保持靜止約10秒。3.再仰頭，努力向後拉伸，使脖子下面的肌肉充分伸展，保持靜止約10秒。重複動作。

低頭

抬頭

其他角度連貫動作展示

1.兩腳並立,雙手叉腰,目視前方。
2.頭部向左側側曲約45°,直到頸部肌肉有拉伸感,保持靜止約10秒。然後頭部回正,保持
　身體直立不晃動。
3.頭部向右側側曲約45°,直到頸部肌肉有拉伸感,保持靜止約10秒。然後頭部回正。重複
　動作。

其他角度連貫動作展示

旋轉繞頸

1.兩腳並立,雙手叉腰,目視前方。2.頭部沿逆時針方向旋轉畫圈,旋轉一圈後回到起始位置,保持身體直立不晃動。3.頭部沿順時針方向旋轉畫圈,旋轉一圈後回到起始位置。重複動作。

2 肩關節運動

雙臂環繞

1.兩腳並立，雙臂自然垂下，手心向內。2.雙臂依次向前、向上、向後做繞還，環繞一周後回到起始位置。3.反方向依次向後、向上、向前做繞環，環轉一周後回到起始位置。重複動作。

其他角度連貫動作展示

1.兩腳並立,目視前方,雙臂自然下垂,手掌微握成拳狀。2.左臂向前伸出,做上擺運動,另一隻手臂向後,做後振運動。3.換右臂上擺,左臂後振。左右臂交叉進行。

其他角度連貫動作展示

肩部環繞

1.兩腳並立，目視前方，兩臂側屈，雙手分別放於兩肩，掌心向下。2.保持雙臂和雙手姿勢不變，肩關節繞額狀軸向前繞環一周，回到起始位置。3.肩關節向後繞環一周，回到起始位置。重複動作。

其他角度連貫動作展示

3 手臂運動

拉伸一

1. 兩腳並立，左臂向右伸直，後伸右臂彎曲，左臂置於右臂內側。
2. 雙臂保持用力狀態，身體向右扭轉，以拉伸左臂，保持靜止約10秒。
3. 右臂向左伸直，左臂彎曲，右臂置於左臂內側，雙臂保持用力狀態，身體向左扭轉，以拉伸右臂，保持靜止約10秒。

其他角度連貫動作展示

45°
右伸

45°
左伸

拉伸二

1. 兩腳並立，挺胸抬頭，目視前方，雙臂屈曲上舉，右手置於左肘關節處向右後方施力，拉動左臂右伸約45°，保持靜止約10秒。
2. 兩臂交換用力，左手置於右肘關節處向左後方施力，拉動右臂左伸約45°，保持靜止約10秒。重複動作。

其他角度連貫動作展示

4 腰部運動

腰部拉伸

1.兩腳開立，與肩同寬，雙手叉腰，目視前方。2.保持叉腰姿勢，上身向左側屈，至腰部右側肌肉有拉伸感，然後回正。3.向右側屈曲，至腰部左側肌肉有拉伸感，然後回正。重複動作。

其他角度連貫動作展示

體轉運動

1.兩腳開立，與肩同寬，雙臂平屈，手指微微彎曲，手心向下，目視前方。2.保持雙臂姿勢不變，上身向左轉體至最大程度，然後回正。3.向右旋轉，然後回正。重複動作。

向左旋轉

向右旋轉

其他角度連貫動作展示

體側運動

1. 兩腳開立，與肩同寬，右臂置於身後，目視前方，左臂上舉。
2. 左臂帶動肩、腰、胯部向右側彎曲下壓，直至身體左側肌肉有拉伸感，然後回正。
3. 換左臂置於身後，右臂上舉，帶動肩、腰、胯部向左側彎曲下壓，直至身體右側肌肉有拉伸感，然後回正。重複動作。

向右下壓　　　　向左下壓

側面&背面

34

腰部環繞

1.兩腳開立，與肩同寬，身體前傾，雙臂保持自然垂下。2.以髖部為中心，上肢帶動腰腹順時針畫圓一周，回到起始位置。3.保持姿勢，再逆時針畫圓，帶動身體旋轉一周，回到起始位置。重複動作。

36

5 膝關節運動

上下蹲起

1.兩腳並立,身體前傾,雙手扶膝。2.緩慢下蹲。3.緩慢起立。重複動作。

蹲
下

起
立

其他角度連貫動作展示

1.兩腳並立，身體屈膝前傾，雙手扶膝。2.雙膝同時向外旋轉，旋轉一周後回到起始位置。3.兩腳開立，與肩同寬，雙膝同時向內旋轉，旋轉一周後回到起始位置。重複動作。

6 腿部運動

側壓腿

1.左腿屈膝，右腿向右側繃直，重心位於左腿上，左手自然扶膝保持平衡，右手置於右腿
以輔助下壓。2.開始向下重複壓腿，身體保持正直，不要來回晃動。3.換另一方向屈膝壓
腿。重複動作。

下
壓

其他角度連貫動作展示

1.右腿向前邁一大步,屈膝成弓步,左腿繃直。雙手置於右膝上。2.開始向下重複壓腿,身體保持正直,不要來回晃動。3.換左腿成弓步屈膝壓腿,重複動作。

其他角度連貫動作展示

雙腿拉伸

1.兩腳並立，身體前屈，雙臂自然下垂，雙手交叉，掌心向外向下。2.兩腿繃直，盡可能地兩手向下壓，以碰到地面為止。3.重複下壓。

其他角度連貫動作展示

7 手腕、腳踝運動

手腕和右側腳踝

1.左腿直立，重心置於左腿上，右腳腳尖點地。十指交叉於胸前。2.按順時針轉動右腳腳踝，同時兩手手腕沿順時針方向轉動。3.按逆時針轉動右腳腳踝，同時兩手手腕沿逆時針方向轉動。重複動作。

手腕和左側腳踝

1.左側以同樣的方法進行。右腿直立，重心置於右腿上，左腳腳尖點地。十指交叉於胸前。2.按順時針轉動左腳腳踝，同時兩手手腕沿順時針方向轉動。3.按逆時針轉動左腳腳踝，同時兩手手腕沿逆時針方向轉動。重複動作。

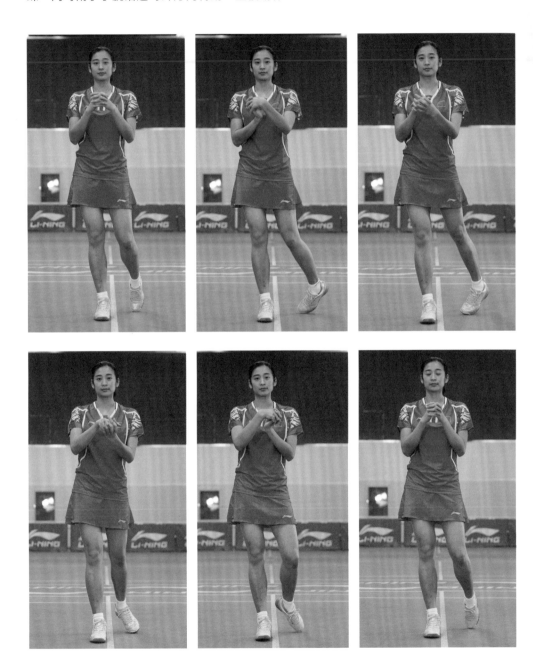

第3章

基本握拍方法及訓練方法

這一章主要對羽毛球運動的基本握拍方法及訓練方法做介紹和講解,其中包括握拍姿勢與發力技巧、常用發球技術與戰術、前中後場擊球的技術與訓練技巧。

1 握拍

羽毛球運動的握拍姿勢根據個人習慣和操作方法，分為幾種不同的方式，包括正手握拍、反手握拍、鉗式握拍、錘式握拍等。

握拍姿勢及訓練

正手握拍法 ▶

正手握拍是羽毛球運動最基礎的握拍方法，幾乎適合各種打法，尤其適合初學者使用。

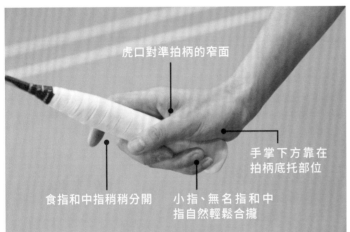

虎口對準拍柄的窄面

手掌下方靠在拍柄底托部位

食指和中指稍稍分開

小指、無名指和中指自然輕鬆合攏

MEMO
正手握拍法一般用於身體右側的正手正拍面擊球及頭頂後場擊球。

❌ 錯誤動作

無論是正手握拍還是反手握拍，五指都應該保持鬆弛有度，不能抓得太死。

正面狀態

虎口對拍柄的側面。

背面狀態

拍頭是手臂的延長，手臂與拍面保持垂直。

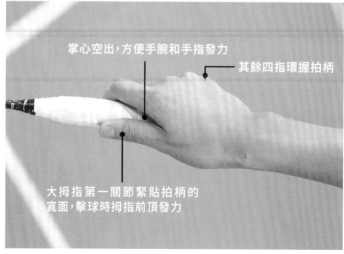

練習正手顛球時用正手握拍法將球連續擊出，控制拍面及擊球力度以免落地，以此熟悉正手握拍的方法，並提高控球能力及球感。

反手握拍法 ▶

一般在身體左側用球拍反面擊球時所用的握拍方法稱為反手握拍法。在該握拍方法中，拇指發力十分重要，因此又稱為「拇指握拍法」。

掌心空出，方便手腕和手指發力

其餘四指環握拍柄

大拇指第一關節緊貼拍柄的寬面，擊球時拇指前頂發力

MEMO

反手握拍又叫拇指握拍，主要用於反手撲球、反手防守和反手平抽球。

❌ 錯誤動作

也有少數人習慣將食指放在拍柄上伸直，但在大力揮動球拍時很容易出現脫柄等問題。

正面狀態

掌心和拍柄之間留有一定的空隙，使除了大拇指外的其他四指能自如地轉動球拍，方便手指、手腕發力。

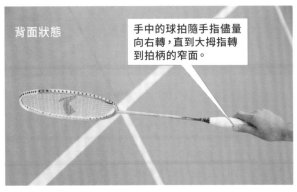

背面狀態

> 手中的球拍隨手指儘量向右轉，直到大拇指轉到拍柄的窄面。

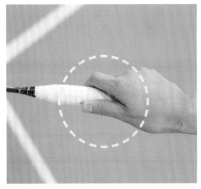

反手握拍練習：反手顛球 ▶

 →

前臂和拍杆此時應時刻保持120°~130°，反拍面向上。初級階段主要練習拇指前頂發力，熟練後體驗前臂外旋發力顛球。重要的是手腕要隨手背靈活轉動。

握拍發力技巧

活握死摳

活握，即在非擊球狀態下球拍不能握得太死，以方便靈活轉換握拍方式，應對不同方向、不同力度的來球；死摳，即根據來球狀況確定自己的還擊手段後，擊球時手指（尤其是拇指和食指）要摳緊球拍，以保證擊球的力度和線路。

活握

死摳

動作連貫，擊球俐落

應對來球時，身體動作要協調連貫。在擊球發力的瞬間，從腰部到手腕有一個突然制動，這個突然的停頓使勢能轉化為動能，讓球速更快，球飛得更遠。

身位配合握拍

回擊正手高球時，身體向側後方轉動，手腕連帶著拍面也要向內側轉動同樣的角度；回擊反手高球時，身體背向對手，並且完全打開，手臂做長距離揮動，手腕及時發力。

急追輕擋

如果局面對己方進攻有利，可用快節奏連續發動攻勢，此時手腕和手臂的動作要快速連貫；如果對方連續進攻，己方處於被動局面，可用較輕的力度擋球，迫使對方的節奏放緩，此時手腕和手臂的發力要輕緩。

後場高遠球

先移動到位，揮拍時蹬地轉髖，以腰腹帶動肩關節、手臂、手腕鞭打發力。動作幅度大，用力猛。

後場擊球手腕前壓

打後場球時，手腕要向前壓，這樣即使球速不快，球的落點也會更遠。如果落點離底線較遠，容易陷入被動而受到攻擊。

前場搓小球

前場小球，手臂伸出要穩健，靠手腕和手指的轉動搓球，幅度小，用力巧。

前場手臂快抬

前場防守時，手臂上抬的速度要快，給己方爭取時間，避免陷入被動。

長臂揮拍，短抖擊球

此種方法意在迷惑對方。揮拍時做用力狀，肩膀和胳膊完全伸展開，好像要全力擊球的樣子；但是在擊球的瞬間，僅僅用手腕的抖動改變擊球的線路和落點（相對於全力擊球而進行的改變）。

中場平舉

是指在中前場抽平快球的時候，球拍直接平舉，手腕保持緊繃，前臂發力，加速抽球。

2 發球

發球技術的好壞，有時直接關乎比賽的勝負。好的發球技術是打好羽毛球的第一步。

發球的分類及手腕動作

發球的分類

按發球的手勢來分，發球可分為正手發球和反手發球；按照球在空中飛行的弧線來分，發球可分為發網前球（也叫「短球」）、發平快球、發平高球、發高遠球等。

各種發球的弧線示意圖（以雙打發球為例）
A.發網前球B.發平快球C.發平高球D.發高遠球

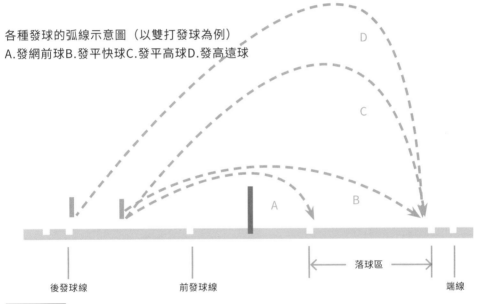

後發球線　　　　　前發球線　　　　　　　　　　落球區　　　　　端線

手腕動作

在羽毛球運動中，手腕技巧的運用比較多，經常用到的有展腕、屈腕、收腕等，它們在發球、擊球動作中發揮著作用。在學會發球、擊球之前，必須先瞭解一下手腕的動作。

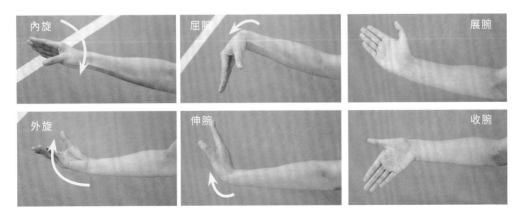

內旋　屈腕　展腕
外旋　伸腕　收腕

正手發網前球 ▶

持球的手與視線齊平,與眼睛有一定的距離。

① 兩腳前後開立,與肩同寬。左腳在前,右腳在後,右腳尖朝外,且重心在後腳。

② 上臂緊貼身體,前臂稍稍外旋,身體由側身對網轉至正對網,重心隨之移到前腳。

做準備動作時,重心在後腳;擊球時,重心轉移到前腳。

擊球前手臂稍稍彎曲而非伸直等球,擊球的瞬間手臂伸直。

③ 將球向右前方呈切削式擊出。

④ 觸球後前臂內旋,手臂略微彎曲,將球上挑過網後收拍至左肩前方。

■ 練習

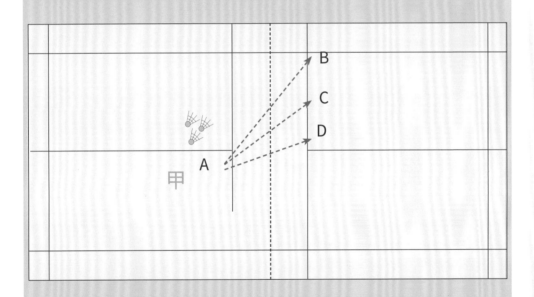

甲：位於右前場A處，左手附近放置一筐羽毛球，分別向對方右前場B、C、D三處發正手網前球。30個為一組。

*甲方為被訓練方。紅色箭頭為甲方的擊球方向。後同。

反手發網前球 ▶

反手發網前球即運用反手發球技術將球發到對方發球區內網前附近的發球方法，除了握拍方式不同，其發球技術與正手發網前球類似。動作小，速度快，動作一致性好，對方不容易判斷來球的方向，因此在雙打中反手發球使用得比較多。

盡可能地提高擊球點，以降低球過網的弧度。

左手持球，球不能超過腰部。

① 兩腳可前後開立，也可左右開立，與肩同寬。前後開立時，左、右腳均可在前；身體重心在後腳。

② 左手食指、拇指、中指輕捏羽毛球的羽毛邊緣，將球置於球拍前面。重心前移，手臂準備向前推拍。

③ 左手將球鬆掉，同時右手向後短暫引拍，然後向前推拍，手指、手腕用力，球拍呈橫向切削式將球擊出。

■ 其他角度連貫動作

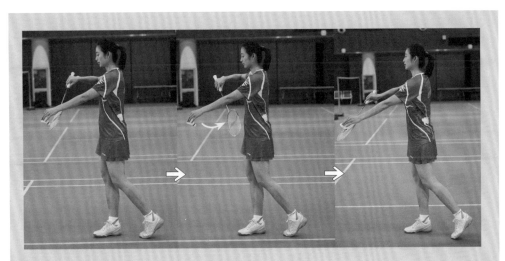

擊球的瞬間手臂隨著慣性向身體左上方揮動。整個動作完成後,左腳先於右腳蹬地向前邁步,迅速移向中心位置,屈膝收腹含胸成準備姿勢。

練習

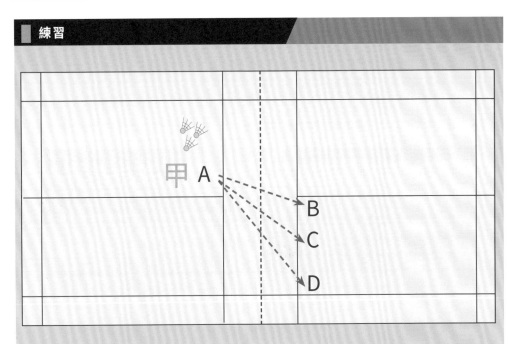

甲:位於左前場A處,左手附近放置一筐羽毛球,分別向對方左前場B、C、D三處發反手網前球。30個為一組。

高遠球是飛向對方後場的球，即要把球發得又高又遠；球飛行至弧線的最高點時，垂直下落至對方端線附近。高遠球的距離遠、弧度大，使對方的回球很難具有威脅性，從而給己方創造有利條件。發高遠球在單打中用得比較多。

1 兩腳自然分開，側身對網，左腳在前，與中線平行，右腳在後，腳尖向右，重心位於右腳。左手持球，上抬到胸部前方，右手握拍，自然後舉於身體右後側，雙眼注視前方。

2 左手自然將球鬆開，使球垂直下落，同時轉體，右手從後向前，由下而上畫弧至擊球點。

用拍子正面擊球。

擊球後，右臂隨慣性揮拍致身體左上方，身體重心隨之移動前腳。

3 擊球時擊球點在身體的右前下方，上臂帶動前臂內旋，展腕、屈指發力，用正拍面將球擊出。

4 擊球後，右臂隨慣性揮拍至身體左上，身體重心隨之轉移到前腳。

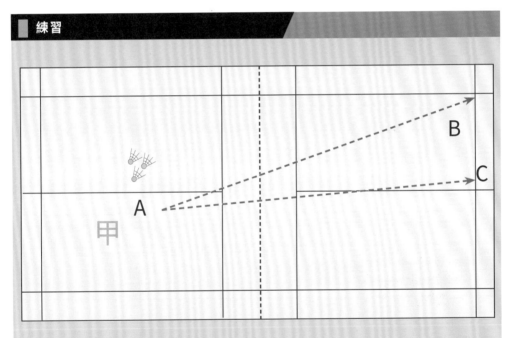

練習

甲：位於右半場中場A處，左手附近放置一筐羽毛球，分別向對方右後場B、C兩處發正手高遠球。30個為一組。

即用反手的手法將球發向對方後場，上臂帶動前臂，將球擊得又高又遠。

擊球時，注意上臂帶動前臂，展腕，利用手腕、手指的力量向前上方擊球。

反手發球中，持球時需注意用拇指、食指和中指輕捏羽毛球的羽毛邊緣。

① 兩腳前後開立，右腳在前，與中線保持平行；左腳在後，腳尖向外，腳跟抬起。重心在前腳。

② 右手持拍於體前，拍頭於左腰腹前自然垂下，左手持球於拍前，低於手腕。

③ 右手開始向後引拍，同時左手開始放球。引拍時前臂外旋，向後做半弧形的回拉動作。擊球的瞬間上臂帶動前臂轉動，拇指前頂，用力將球擊出。

其他角度連貫動作

擊球動作完成後，前手臂順勢從左下方向右上方揮拍，手臂伸直，與肩同高。

有少數人習慣將胳膊抬得過高或過低,在這種情況下,大力揮動球拍時很容易出現脫柄等問題。

■ 練習

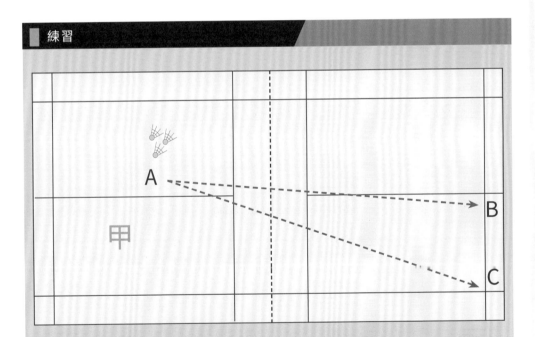

甲:位於左半場中場A處,左手附近放置一筐羽毛球,分別向對方左後場B、C兩處發反手高遠球。30個為一組。

正、反手發平快球,球的路線、落點和角度都是一樣的。擊球的一瞬間,手腕帶有彈性,球拍面和地面的角度接近垂直,使球向對方後場方向飛去。

擊球時,要用前臂帶動手腕。

① 兩腳前後開立,側身對網,左腳在前,右腳在後,重心在右腳。右手持拍,向身體側面自然伸開。左手持球,置於身體右前方。

② 準備擊球時,手臂前擺,手腕外展,拍面與地面幾乎垂直,同時,左手將球自然放落。

準備擊球時拍面幾乎垂直於地面。

③ 擊球時,前臂帶動手腕,使手腕帶有彈性,用爆發力將球擊出。在球不過腰的範圍內,儘量提高擊球點。

④ 擊球完畢後,順勢將拍向左後方揮動,收於左肩前方。

練習

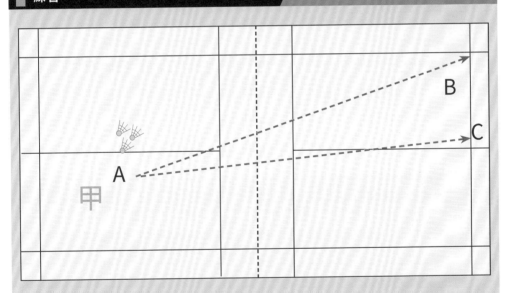

甲：位於右半場中場A處，左手附近放置一筐羽毛球，分別向對方右後場B、C兩處發正手平快球。30個為一組。

反手發平快球，就是用反手手法發平快球，球的落點、路線和正手發平快球一樣。

① 兩腳前後開立，右腳在前，與中線保持平行；左腳在後，腳尖向外，腳跟抬起。重心在右腳。

② 反手握拍，前臂抬起，球拍斜向下，拍頭低於手腕。左手持球，置於身體左前方。球不過腰，球托斜向下，朝向球拍。

③ 身體略前傾，前臂帶動手腕，迅速向前上方推送球拍。球拍擺動幅度儘量小，但要具有爆發力。

其他角度連貫動作

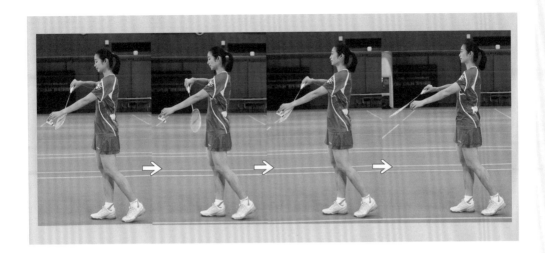

甲:位於左半場中場A處,左手附近置一筐羽毛球,分別向對方左後場B、C兩處發反手平快球。30個為一組。

正手平高球的發球姿勢、動作和正手高遠球一樣，區別在於發力方向和擊球點不同。相比較而言，平高球運行時的拋物線低於高遠球，其仰角約為45°，球速也相對快一些。

注意起始姿勢和正發高遠球保持一致，以迷惑對方。

① 側身對網，兩腳開立與肩同寬，左腳在前，與中線平行，右腳在後，腳尖向右，重心位於右腳。右手持拍，舉於身體右後側。左手持球，置於胸前，目視發球方向。

② 右手自後下向前上揮拍，同時轉體，重心向前轉移。

用正拍面將球擊出且拍面的仰角小於45°，球飛行弧度低於高遠球。

③ 腕揮拍至擊球點（身體右前下方）時，前臂帶動手腕發力，拍面與地面的夾角小於45°。擊球時動作幅度小於發正手高遠球的動作幅度。

④ 擊球完畢後，右手持拍向身體左後方揮動。

球飛行高度以對方跳起無法攔截為好。擊球瞬間球拍不能過手腕，球不能過腰。

■ 練習

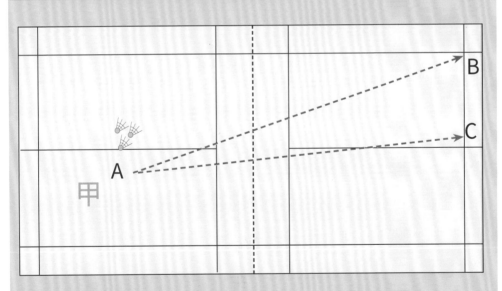

甲：位於右半場中場A處，左手附近放置一筐羽毛球，分別向對方右後場B、C兩處發正手平高球。30個為一組。

反手發平高球 ▶

反手平高球的發球姿勢、動作和反手發高遠球一樣，區別在於發力的方向和力度不同。反手發高遠球，擊球時是以上臂帶動前臂擊球，反手發平高球，則是以前臂帶動手腕擊球。

❶ 兩腳開立與肩同寬，右腳在前，與中線平行，左腳在後，腳尖向外，腳跟抬起，重心在右腳上。

❷ 左手持球，置於腹前腰部以下。反手持拍，拍面正對球托，拍頭向下傾斜，拍面可稍稍上仰，兩眼注視前方。

❸ 左手放球，同時，右手以手肘為軸，前臂向後做半圓形回拉，引拍。擊球瞬間，拇指前頂，小指、無名指和中指抓緊球拍，前臂迅速外旋，抖動手腕，將球擊出。

■ 其他角度連貫動作

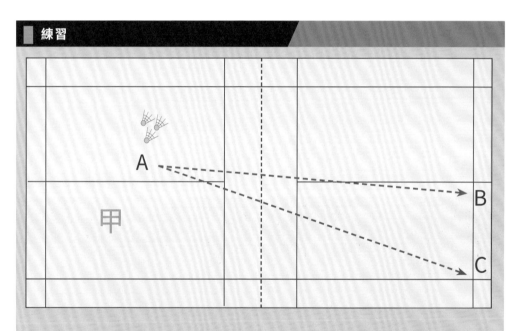

甲：位於左半場中場A處，左手附近放置一筐羽毛球，分別向對方左後場B、C兩處發反手平高球。30個為一組。

常見的發球違例

發球過手 ▶

在發球過程中，擊球瞬間，球拍頂端沒有明顯朝下，拍頭沒有明顯低於手部，即被視為發球過手，違例。

❌ 錯誤動作	◎ 正確動作

拍框未低於手部。　　　　　　　　拍框明顯低於手部。

❌ 錯誤動作	◎ 正確動作

拍頭未低於手部。　　　　　　　　拍頭明顯低於手部。

錯誤原因：發球時，肘部沒有提起，或者拍框頂端沒有明顯向下。糾正：發球時，肘部提起，拍頭向下，擊球時球拍向前推出，而不是橫向提起擊球。擊球點儘量靠近身體。

發球過程中,揮拍發球時動作有停頓,然後再繼續進行揮拍擊球。這種發球行為帶有欺騙性質,使對方選手先產生錯誤預判,然後再改變發球方向,這種情況被視作「兩次動作」違例。

第一次擊球,在接觸球之前動作停頓。　　然後又向另一個方向擊球,將球發出。

錯誤原因:沒有養成好的發球習慣。糾正:在學習發球時就要注意正確的發球方法,避免以後進行羽毛球運動時不自覺地出現錯誤。

發球不過網 ▶

典型的發球失誤,對方得分,並轉換發球權。為避免這種情況發生,發球時要注意調整好拍面。

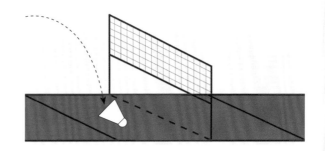

發球過程中，擊球瞬間，球的任何部分高過發球員腰部，均被視為「過腰」違例。在這裡，「腰」是指發球員腰帶偏上的位置，並不是指確切的腰帶所在的位置。發球不能過腰這一規則，主要是防止發球員在發球時擊球點過高，對接發球員造成威脅。

錯誤原因：持球手及球拍抬得太高，而且很多時候自己意識不到。

糾正：發球前有意識地低頭觀察球拍位置，儘量保持手部不超過腰部。一般在手部不高於腰帶的情況下，發球不會過腰。

發球實用戰術

反手發球

反手發球的優點在於動作小、隱蔽性強，對方不易判斷來球方向，從而使己方佔有更多的主動機會。因此建議多運用反手發球。

發追身球

追身球，顧名思義就是球直接追向對方身體，指有意向對方的身體擊球（尤其是上半身），迫使對方壓低重心或身體向側邊躲開來接球。追身球球速快，線路又平又長，易打亂對方節奏，導致對方接發球成功率和回球品質下降。追身球發得好，發球方可直接佔據主動地位。

控制發球節奏，有快有慢

發球不要總是採用同一節奏，用同樣時間，這樣對方會很容易掌握發球節奏，從而做好反擊準備，使發球方陷於被動境地。控制發球節奏，拿起球就發，或稍作停留後再發球，使對方難以尋找規律。

發後場球

發球時突發後場球是常用的戰術。後場球路線比較長，如果是高遠球，則對方的回球更不具備攻擊力，對發球方有利。不過發後場球也要視對方的陣型和狀況而定，一般在下面這些情況下，可多發後場球：比賽剛剛開局；比分到了關鍵時刻；接發球者的移動速度較慢；混雙時偷襲女方後場；接發球者的站位比較偏前。尤其在追分時，對方正急於撲球得分，這時可連續發後場球。

連續快速發球

在戰況對己方有利，贏球勢頭正盛，己方頻頻得分的情況下，此時應加快發球的節奏，撿球、發球都要快，給對方帶來壓力，使其得不到喘息、調整的機會。

發反手位球

發對方反手位的球，使對方接球處於被動。無論是發短球、平高球或者高遠球，都可以。

發貼近中線的平高球

這種發球很容易干擾對方的判斷，讓對方誤以為發錯區，從而直接得分或造成對方回球品質下降。不過在發這類球時，發球方也要謹慎，控制好方向，否則可能會真的發錯區。

3 擊球

擊球時利用到身體的彈力和腿部的蹬力，才能擊出好球，同時全面發展身體協調性及靈敏性，提高擊球水準。

前場擊球技術及訓練

羽毛球場地中，從球網到前發球線的區域是前場區域。前場區域的擊球技術主要有網前放球、搓球、勾球、推球等，都比較有技術水平。

放網前球：正手放網前球 ▶

放網前球也常被簡稱為放網，是指將對方擊到己方前場、中場的球，用拍面輕擊球托，使球向上彈起，過網後向下墜落至對方網前區域的擊球技術。正手放網前球，就是用正手技術放網。

迎接來球時，右腳要上前跨出成弓步。

1. 目視來球，快速移動至來球方向，右手將拍伸向右前方，上身稍稍前傾。

2. 右腳向來球方向跨一大步成弓步，同時提高身體重心，前臂舉向前上方，斜對球網伸向來球。

上體前傾，重心在右腳。擊球時左手在身後平舉，發揮平衡作用。

3. 準備擊球時，左臂後伸，以協調右臂，右手握拍稍稍放鬆，前臂外旋，展腕後再收腕，用球拍切削球托，使球掉落對方網前。擊球時儘量搶佔高點擊球。

MEMO
右臂以肘部為軸，前臂外旋做半弧形運動，帶動手腕先展腕再收腕，將球切削出去。

① 快速移動至來球方向，右手反手握拍，置於身體左側前方，上身稍稍前傾。

② 右腳向左前方的來球方向跨一大步成弓步，同時提高身體重心，前臂舉向前上方，斜對球網伸向來球，握拍手稍稍屈腕。

③ 準備擊球時，左手向身後自然伸展，協調動作，右手握拍稍稍收腕，用球拍切削球托，爭取高點擊球，使球掉落對方網前。

其他角度連貫動作

右手反手握拍，然後向右下方收腕，用收腕的力量將其切削出去。

正手放網前球

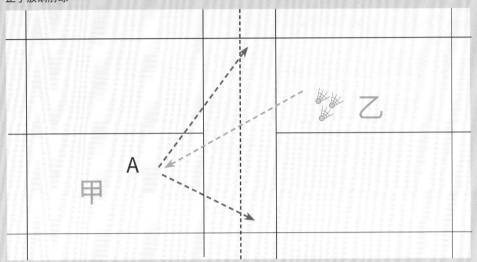

乙：採用多球練習。將球不斷擊向A處，球過網不要太高，使甲進行正手放網前球的練習。甲：甲位於右前場A處，向對方前場的兩個角落放出正手網前球。

反手放網前球

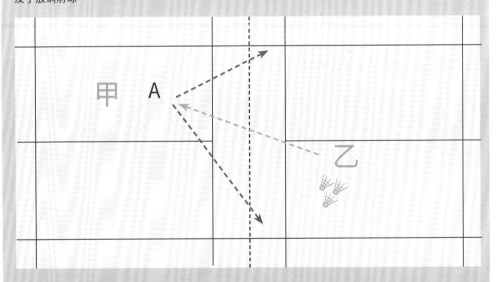

乙：採用多球練習。將球不斷擊向A處，球過網不要太高，使甲進行反手放網前球的練習。甲：甲位於右前場A處，向對方前場的兩個角落放出反手網前球。

*甲方為被訓練方，乙方配合甲方訓練。紅色箭頭為甲方的擊球方向，藍色箭頭為乙方的擊球方向。後同。

在應對對方發過來或回擊過來的網前球時，己方提前做出反應，在球剛剛越過網頂時，迅速上網，將球斜下撲壓向對方場地，被稱為撲球。撲球分為正手撲球和反手撲球，正手撲球是指用正手握拍進行撲球。

① 身體向右側前傾，正手握拍，舉於右前上方。

② 右腳向來球方向跨一大步成弓步，同時提高身體重心，前臂舉向前上方，斜對球網伸向來球。

③ 擊球時，前臂伸直內旋，帶動手腕從右向左屈腕，將球向左下方擊出。如果球距網較近，可從右向左滑動球拍切擊球，以免觸網。擊球後，右腳著地，屈膝緩衝，回收球拍於體前。

■ 其他角度連貫動作

MEMO

1. 當來球距網較高時，迅速向前蹬躍。2. 當遠距離撲球時，可加一個併步前躍。3. 擊球點最好位於球網上方 10 公分處。4. 前臂伸直，內旋，帶動手腕從右向左屈腕擊切下壓，將球擊出。

撲球動作
不宜大，多
採用橫向
滑拍撲球。

1 身體斜向左側前傾，
反手握拍，舉於左前
上方。

2 準備迎接來球，身體向左前方躍
起，球拍隨著前臂向前伸舉，手腕
外展，拇指頂壓在拍柄上，食指和
其他三指併攏，蓄力。

3 擊球時，前臂伸直外旋，並帶動手腕
外展，拇指頂壓，揮拍撲球；如果來
球太接近於網頂，手腕可外展，從
左向右滑切球，避免球拍觸網。

其他角度連貫動作

MEMO
1 握拍不要太
死，否則揮拍不
靈活，撲球時手
腕和手指僵硬，
從而變成用肩部
和肘部的力量來
撲球，容易失誤。
2. 撲球之後身體
的制動及時，否則
容易在未成「死
球」之前造成觸
網違例。

◎ 手部動作放大展示

前臂外旋，手
腕外展，用拇
指頂壓的力量
和手腕外展的
力量將球擊
出。

正手撲球：

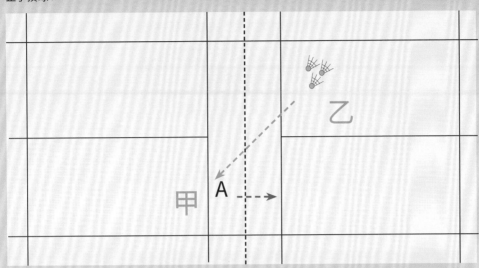

乙：採用多球練習。不斷將球發向A處，球的線路由下向上過網，配合甲進行正手撲球的練習。甲：甲位於右前場網前A處，向對方前場網前回擊正手撲球。

反手撲球：

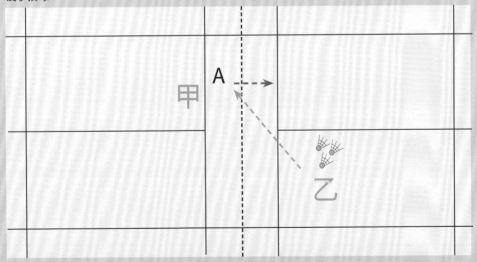

乙：採用多球練習。不斷將球發向A處，球的線路由下向上過網，配合甲進行反手撲球的練習。甲：甲位於左前場網前A處，向對方前場網前回擊反手撲球。

搓球，是指用球拍搓擊羽毛球球托的左下側或右下側，使球向右側旋轉或左側旋轉，翻滾球過網的擊球技術。搓球分正手搓球和反手搓球。

❶ 向右側身對網，右腳向前邁一步，正手握拍。

❷ 右腳上邁，右臂向右上方伸直，球拍隨著前臂向右上方斜舉。球拍舉至最高點時，手腕稍內收，拍頭稍向下，拇指、食指夾拍，其餘三指輕握拍柄。左臂自然向後伸展，發揮平衡作用。

❸ 以肘部為軸心，前臂向外旋轉，先收腕再展腕，擊球托右下側部位，將球搓出，這樣搓出的球向下旋轉。

（或者先展腕，再收腕，以斜拍面切擊球托左後側部位，這樣搓出的球，呈上旋狀態翻滾過網。）

其他角度連貫動作

① 側向站立，右腳在前，左腳在後，反手持拍，手臂自然伸向左前方。

② 右腳上前呈弓步，前臂稍往上舉，手部約與網同高。左臂向後自然伸展，保持動作平衡。

③ 重心向前轉移，手腕前屈，拍頭稍稍下沉，用反拍面迎球。掌心和拍柄之間留有空隙，方便手指發力。

④ 看準來球，前臂前伸內旋，收腕，合力搓擊球托，使球側旋滾動過網。

◎ 球的運行軌跡

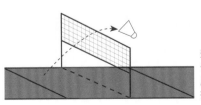

擊球方法：前臂內旋，收腕，合力將球搓出。

●●●●●●●●●●●●●●
——— MEMO ———

球拍和掌心之間留有一定空隙，不要握死。食指和中指稍微分開。擊球過程中，手腕不要太緊張，保持放鬆。

多球搓球練習:

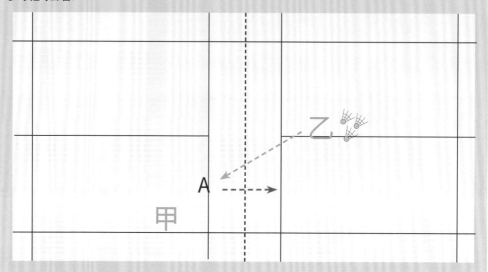

乙:將球不斷擊向A處,並且球過網不宜高,使甲在基本不移動的情況下,進行正手搓球的練習。甲:位於右場網前A處,向對方網前回擊正手搓球。一組訓練結束後,可用同樣方法進行反手搓球練習。

正、反手互相搓球:

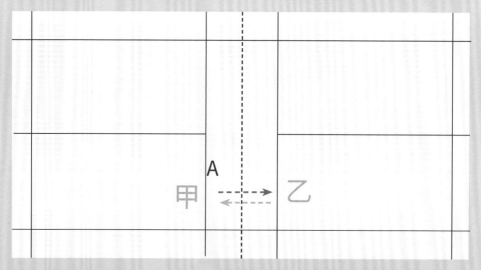

兩人互搓網前球進行練習,一個正手,一個反手。一組訓練結束後,兩人交換正反手,繼續練習。有一定基礎後,用該方法練習效率更高。

勾球，就是把在己方右邊的網前球擊到對方右邊網前，或者把己方左邊的網前球擊到對方左邊網前去的技術動作。勾球分正手勾球和反手勾球。

① 側身對右場網前，右腳在前，右膝微屈，右手正手握拍，自然置於體前。

② 右腳向來球方向前跨一步，右臂前伸，前臂向上舉拍，提高身體的重心。球拍斜對球網，迎接來球。

③ 擊球時，前臂向身體左側內旋，手腕內收，閃腕揮拍，撥擊球托右側下部，使球沿對角方向墜落至對方網前（注意擊球時拍面的變化，是由平變豎的過程）。

■ 其他角度連貫動作

┌─────────────────────┐
MEMO

1. 左臂向左後方自然伸平，平衡動作。
2. 爭取提高擊球點。3. 擊球時的手腕動作要輕巧一些。4. 擊球時拍面由平變豎。5. 前臂內旋，手腕內收，閃腕揮拍。用力「撥擊」球托。
└─────────────────────┘

◎ 球的運行軌跡

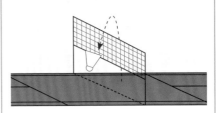

擊球方法：前臂內旋，收腕，閃腕將球撥出。

手腕放鬆，擊球時手指發力。

握拍時，手掌心和拍柄之間有一定縫隙。

❶ 站在左側網前，右腳在前，反手握拍自然前舉。

❷ 右腳前邁，身體重心前移，球拍隨手臂下沉，距離網頂約20公分。這一過程保持手腕、手指放鬆。

❸ 當來球過網時，肘部突然下沉，向回拉，同時前臂外旋，手腕稍屈。

❹ 然後再閃腕，拇指內側和中指把拍柄往右側推送，其他手指突然握緊拍柄，撥擊球托，使球沿對角線方向飛越過網。

◎ 球的運行軌跡

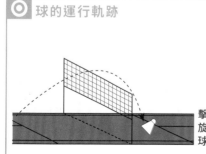

擊球方法：前臂內旋，收腕，閃腕撥球。

— MEMO —

1. 肘部回拉，前臂外旋，閃腕，大拇指內側向右撥送擊球，發力擊球，而非向前發力。2. 球拍接觸球時，和球最好保持垂直關係，如果斜切太多，球容易打遠，出界。

正手勾球:

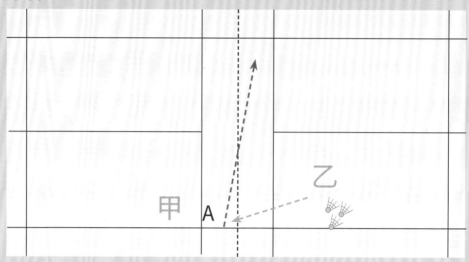

乙：可採用多球練習。不斷將球發向A處，使甲在基本不移動的情況下，進行正手勾球的練習。甲：甲位於右前場網前A處，向對方右前場網前回擊正手勾球。

反手勾球:

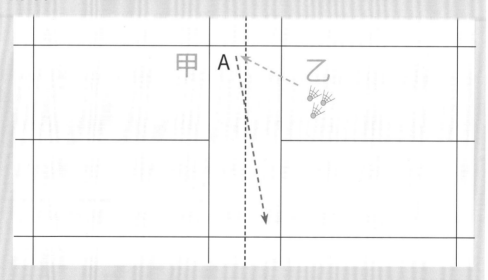

乙：可採用多球練習。不斷將球發向A處，使甲在基本不移動的情況下，進行反手勾球的練習。甲：甲位於左前場網前A處，向對方左前場網前回擊反手勾球。

推球：正手推球 ▶

對方擊至前場的來球位置較高時，可用速度快、弧度平的推球技巧將球推擊到對方後場左右兩個角落。推球是攻擊對方後場的一種富有進攻性的技術。推球分正手推球和反手推球。

❶ 站在右側網前，右手正手握拍，球拍向右前側自然上舉。右膝微屈，重心位於兩腳前腳掌。

不要用肩和上臂發力，要用手腕和手指結合發力。

❷ 準備迎球，右腳向右前邁出呈弓步，左手後展，右手向右前上方舉拍，拍面正對來球。

推球的時候，球拍是立起來的。

前臂內旋，手腕向後伸直，然後閃腕將球擊出。

❸ 推球時，小指和無名指稍鬆開，使拍面更為後仰，手腕、手指控制拍面角度。然後前臂內旋，同時手腕伸直並閃腕，將球擊出，使球飛向對方後場底角。閃腕時，食指向前壓，小指和無名指突然握緊拍柄。

83

拇指頂拍柄，手掌心和拍柄之間有空隙。

① 側身站於左網前，右腳在前，左腳在後，右手反手握拍，向身體左前方舉起。

② 迎球時，肘關節微屈，稍向左胸前引拍，球拍鬆握，手腕外展，用反拍面迎球。

手指、手腕結合發力。

③ 擊球時，以手肘為軸心，前臂前伸，外旋，手腕外展伸直，閃腕擊球，使球向對方後場角落飛去。閃腕時，拇指前頂，中指、無名指和小指突然握緊拍柄。

■ 其他角度連貫動作

正手推球：

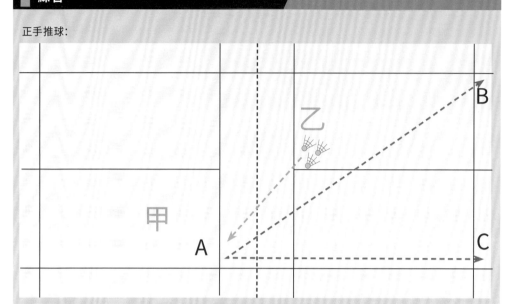

乙：可採用多球練習。不斷將球發向A處，球過網不宜低，使甲在基本不移動的情況下，進行正手推球的練習。甲：甲位於右前場網前A處，向對方底線兩角B、C處回擊正手推球。

反手推球：

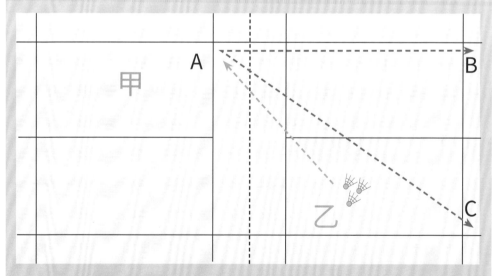

乙：可採用多球練習。不斷將球發向A處，球過網不宜低，使甲在基本不移動的情況下，進行反手推球的練習。甲：甲位於左前場網前A處，向對方底線兩角B、C處進行反手推球。

挑球是在對方擊來吊球或網前球，而己方又比較被動時，不得已將球挑高回擊到對方後場去的一種技術，屬於防守型技術。挑球分正手挑球和反手挑球。

1　面向球網站立，右腳在前，左腳在後。右手正手握拍，舉在胸前。

2　右腳向前跨出一大步，身體重心向前轉移，同時右臂向後擺，向後自然伸腕，使球拍後引。

3　然後以肘關節為軸，前臂內旋帶動手腕，用食指和手腕的力量，將球向前上方擊出。

根據來球的遠近調節拍面的擊球方向。如果來球距網較遠較高，拍面可稍稍後仰挑球；如果來球距網較近較低，拍面要充分後仰，接近向上來擊球。

其他角度連貫動作

1. 正面站在左邊球網前面，右腳在前，左腳在後。右手反手握拍舉在胸前。

2. 準備迎球，右腳向左前方邁出一大步，重心前移。前臂下壓，曲肘引拍，使球拍反面正對來球方向。

由下向上揮拍。揮拍動作比正手挑球更快一些。

3. 以肘關節為軸，反手握拍，經體前由下往上揮拍，拇指前頂，展腕，將球向前上方擊出。

其他角度連貫動作

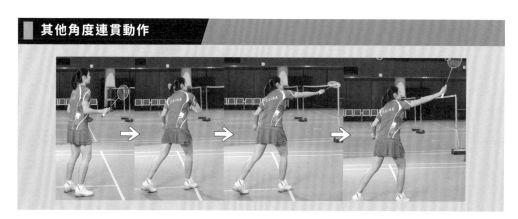

正手挑球：

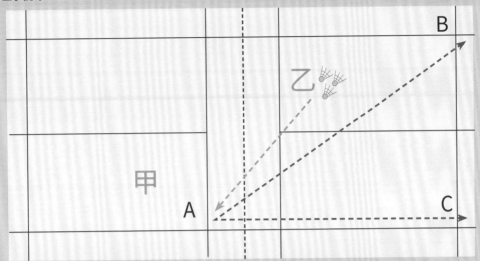

乙：採用多球練習。不斷將球發向A處，球的落點不宜高，使甲在基本不移動的情況下，進行正手挑球的練習。甲：位於右前場網前A處，向對方場地底線兩角B、C處回擊正手挑球。

反手挑球：

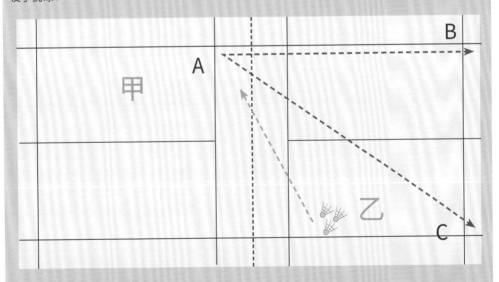

乙：採用多球練習，不斷將球發向A處，球的落點不宜高，使甲在基本不移動的情況下，進行反手挑球的練習。甲：位於左前場網前A處，向對方場地底線兩角B、C處回擊反手挑球。

中場擊球技術

擋網前球：正手擋直線網前球 ▶

擋網前球是針對對方殺球的一種技術。當對方的殺球來勢兇猛，力量很大時，己方可借助來球力量，合理運用手腕、手指動作，反彈式地將球回擊到對方前場。

① 用接殺球步伐移至右場邊線。

② 身體右傾，手臂右伸，前臂外旋，手腕外展。

③ 擊球時，前臂內旋稍翻腕帶動球拍由右向前方推送擊球，把球直線擋向網前。

❶ 揮拍擊球時，在
肘關節屈收的同
時前臂稍內旋。

❷ 手腕由後伸到
內收快速閃動
擊球托右側。

❸ 擊球點在右側前，手腕、手指控
制拍面角度，使球向對角線網前
墜落。

正手擋直線網前球:

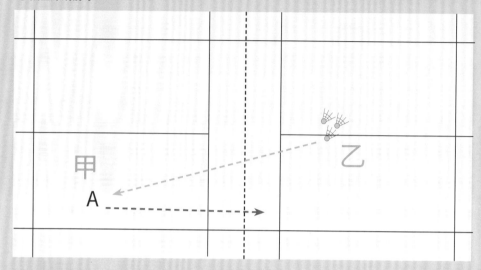

乙:可採用多球練習。不斷將球擊向A處,球的落點不宜高,使甲在基本不移動的情況下,進行正手擋直線網前球的練習。甲:位於右後場中場接近邊線的A處,向對方場地回擊正手直線網前球。

正手擋斜線網前球:

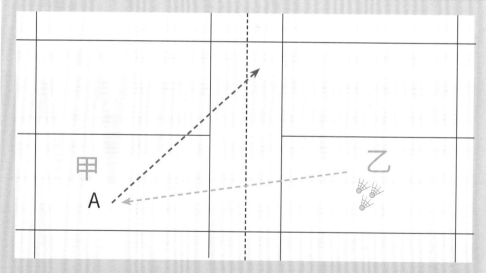

乙:可採用多球練習。不斷將球擊向A處,球的落點不宜高,使甲在基本不移動的情況下,進行正手擋斜線網前球的練習。甲:甲位於右後場中場接近邊線的A處,向對方場地回擊正手斜線網前球。

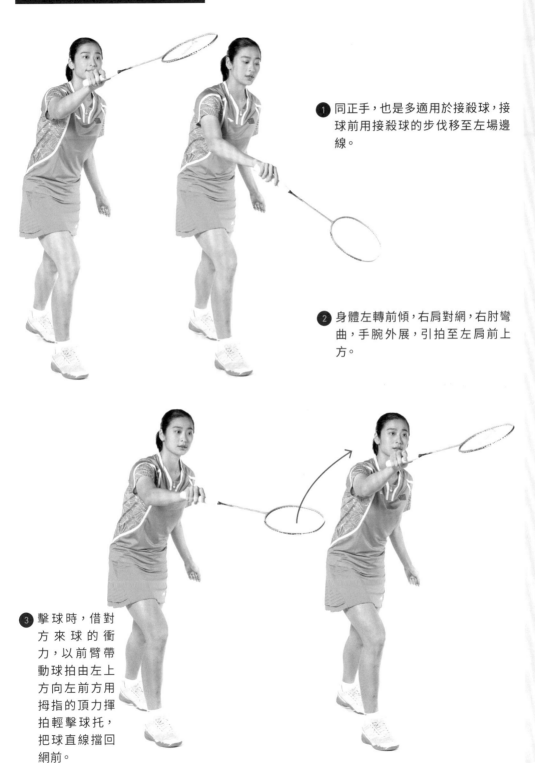

擋網前球：反手擋直線網前球 ▶

① 同正手，也是多適用於接殺球，接球前用接殺球的步伐移至左場邊線。

② 身體左轉前傾，右肩對網，右肘彎曲，手腕外展，引拍至左肩前上方。

③ 擊球時，借對方來球的衝力，以前臂帶動球拍由左上方向左前方用拇指的頂力揮拍輕擊球托，把球直線擋回網前。

① 準備迎球，右腳向左前方快速蹬地轉髖，同時快速向左後方引拍。

② 腳落地的同時，前臂帶動手腕，由左前方向網前揮拍，拍面與地面垂直，與網面的夾角小於90°，將球擊回對方左前半場。

其他角度連貫動作

揮拍前，手腕和肘關節保持放鬆，揮拍時，手臂向後牽引，用手腕和手指的力量擊球。

反手擋直線網前球:

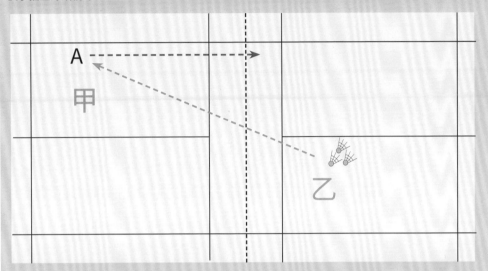

乙:可採用多球練習。不斷將球擊向A處,球的落點不宜高,使甲在基本不移動的情況下,進行反手擋直線網前球的練習。甲:甲位於左後場中場接近邊線的A處,向對方場地回擊反手直線網前球。

反手擋斜線網前球:

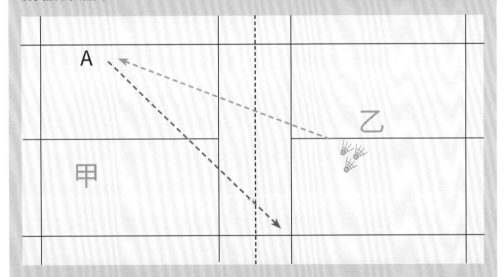

乙:可採用多球練習。不斷將球回擊向A處,球的落點不宜高,使甲在基本不移動的情況下,進行反手擋斜線網前球的練習。甲:甲位於左後場中場接近邊線的A處,向對方場地回擊反手斜線網前球。

① 站在右場區中部，兩腳平行開立稍寬於肩，重心在兩腳間，微屈膝收腹，正手握拍舉於右肩前。

② 擊球前肘關節後擺，上臂抬起，前臂外旋，手腕外展，引拍於體側。

③ 擊球時，前臂內旋，手腕伸直閃腕，手指握拍柄，球拍由右後方向右前方高速平掃，抽擊來球。

1 站在左場區中部，兩腳平行開立稍寬於肩，重心在兩腳間，微屈膝收腹，正手握拍舉於右肩前。

2 準備迎球，右腳呈弓步邁向左前方，肘部稍上抬，前臂內旋，手腕外展，引拍至身體左側。

3 髖部右轉，帶動前臂外旋，手腕稍內收，閃腕將球擊向對方後場。

正手抽球：

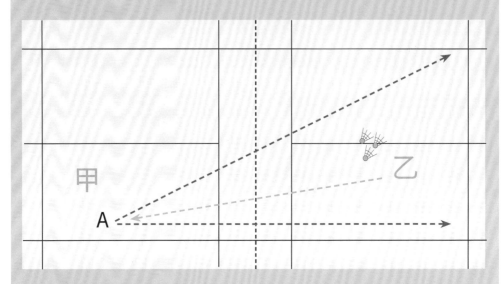

乙：可採用多球練習。不斷將球擊向A處，球的落點不宜高，使甲在基本不移動的情況下，進行正手抽球的練習。甲：甲位於右後場中場接近邊線的A處，向對方場地正手抽球。

反手抽球：

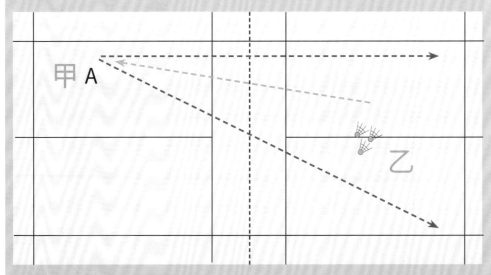

乙：可採用多球練習。不斷將球擊向A處，球的落點不宜高，使甲在基本不移動的情況下，進行反手抽球的練習。甲：甲位於右後場中場接近邊線的A處，向對方場地反手抽球。

後場擊球技術

高遠球：正手擊直線（斜線）高遠球 ▶

❶ 身體向右側身對網，左腳在前，右腳在後，重心位於右腳；左肩斜對網，左手自然上舉，保持平衡；右手正手持拍，屈肘上舉於頭頂右上方，目視來球方向。

❷ 準備擊球時，向左轉體轉髖，同時上臂上抬，前臂後伸，引拍於身後。

❸ 擊球時，前臂外旋，再急速內旋，帶動手腕加速向前上方揮拍，屈腕，帶動手指用力，用正拍面將球擊出。如果用拍面擊來球球托的右下方，則球會沿對角線方向飛行，則變為擊斜線高遠球。

❹ 擊球完畢後，球拍隨勢揮至身體左下方。

① 兩腳開立，雙膝微屈，正對網站立，右手正于持拍，日然舉於體前，目視來球方向。

② 準備迎球，左腳向左後方邁出，身體向左轉體轉髖，身體背對球網，重心移至右腳，同時右手正拍變為反拍，向左後方引拍。

③ 擊球時，肘部上抬，帶動前臂急速外旋，展腕，拇指和手腕發力，將球擊向對方後場。如果用拍面擊來球球托的左下方，則球會沿對角線方向飛行，從而變為擊斜線高遠球。

④ 擊球完畢後，球拍隨勢揮至身體右上方。

1. 身體向右側身對網，左腳在前，右腳在後，重心位於右腳，左肩正對網，左手自然上舉，保持平衡；右手正手持拍，屈肘上舉於頭頂，目視來球方向。

2. 準備迎球時，向左轉體轉髖，同時上臂上抬，前臂後伸，引拍於身後。擊球點一般在左肩或頭頂左後上方。

3. 擊球時，右腳蹬地，轉體轉髖收腹，上臂帶動前臂，急速內旋，幅度大於正手擊高遠球；同時屈腕運用拇指、食指頂壓發力。如果擊球托左下方，則球沿對角線方向飛行，變為頭頂擊斜線高遠球。

4. 擊球完畢後，球拍隨勢揮至身體左下方。

正手擊高遠球

乙：可以多球訓練。乙不斷將球擊向A處，使甲在基本不移動的情況下，進行正手擊直線、斜線高遠球的練習。甲：位於右後場接近邊底線的A處，分別向對方場地底線的兩個落點B、C擊直線高遠球、斜線高遠球。20個球為一組。

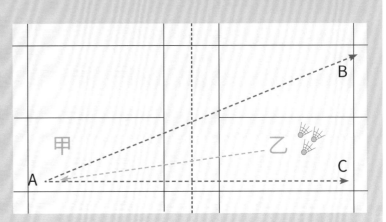

反手擊高遠球

乙：可以多球訓練。乙不斷將球擊向A處，使甲在基本不移動的情況下，進行反手擊直線、斜線高遠球的練習。甲：位於左後場接近邊底線的A處，分別向對方場地底線的兩個落點B、C擊直線高遠球、斜線高遠球。20個球為一組。

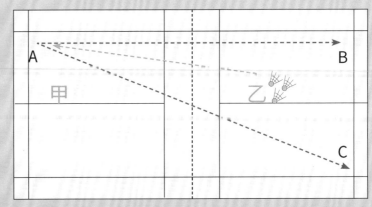

正手頭頂高遠球

乙：可採用多球練習。將球不斷地擊向A處，配合甲進行正手頭頂高遠球的練習。甲：位於左後場，來球落點位於A處，甲視來球位置退向左後場A處，將球擊向對方底線位置，然後再回歸中場位置。

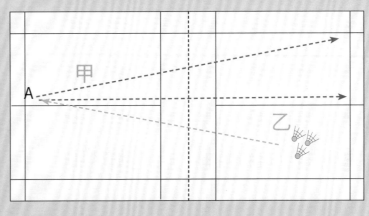

吊球：正手吊球（正手吊直線、斜線） ▶

吊球是指把對方擊來的高球，用較輕的力度，從後場輕擊、輕切或輕劈到對方的網前附近的擊球技術。從手法上，吊球可分為正手吊球、反手吊球、頭頂吊球（其中每項都包括直線、斜線）；從球拍擊球的角度，可分為劈吊、滑板吊等。

1 準備姿勢和正手高遠球的姿勢一樣，身體右側向站立，左肩對網，右腳在後，左腳在前，右手正手握拍，屈肘，舉拍於體側。左手自然上舉，保持身體平衡，目視來球方向。

2 目視來球方向和高度，向身體右後方引拍，做好迎球準備。

MEMO

1. 吊球的準備動作中，必須首先進行轉體側位站，使對方不能判斷出你吊球的意圖。（側位站可進行多種方式的擊球）2. 吊球，要保證高球、吊球、殺球的一致性。3. 擊球不要太用力，否則球的落點會較遠或較高，品質不高。

3 擊球時，身體迅速向左轉體轉髖，上臂帶動前臂向前上方揮拍，手臂不發力，手腕輕微發力，球拍對準球頭，做劃、切或輕打的動作，使球飛向對方網前附近。若想吊直線球，以正拍面切削球托下方，向前方揮拍；若想吊斜線球，球拍切削球托右側，向左下方揮拍。

① 側對球網站立，兩腳開立，雙膝微屈，右手正手握拍，自然舉。於身體右前方，目視來球方向。

② 視來球方向，右腳迅速邁向左後方，轉體轉髖，同時右手正手握拍變反手握拍，抬右肘，右手迅速向身體左下方引拍迎球。此時注意，反手握拍，拇指要頂著拍柄較窄的面，對著球拍的豎立面，這樣既可以做直線吊球，也可以做斜線吊球。

肘部上抬，前臂外旋，帶動手腕、手指發力。發力不宜過大。

③ 視來球方向，迅速向右轉體，肘部上抬，前臂外旋，帶動手腕、手指發力。擊球後手腕動作不宜過大，以V字形為好，過大則容易造成肩膀損傷。若想吊直線球，以正拍面切削球托下方；若想吊斜線球，球拍切削球托左側，向右下方揮拍。

MEMO

1. 擊球時，球拍和胳膊之間呈 V 字形，才能保證擊球後球飛行的路線是朝下方的。2. 擊球時，可以先做短暫停頓，然後繼續揮拍擊球，可以更好地找準擊球點。

劈吊又稱為快吊，是指將對方擊來的後場高球，以回擊高遠球和殺球相結合的技術，將球回擊到對方網前的擊球技術。相對於正手吊球來說，劈吊的初始動作幅度稍大，更類似於殺球，但揮拍線路不一致。

1 身體保持側立，左肩對網，雙腳開立，與肩同寬。右手正手握拍，屈肘，保持胸部舒展，舉拍於體側。左手自然上舉，保持身體平衡。

2 準備迎球時，向左轉體轉髖，持拍手向後引拍，手肘朝上，球拍位於頸後。

MEMO
1. 劈吊，用力不在擊球，而是用拍面摩擦球托。
2. 擊球時動作要快，力量要輕。3. 擊球的瞬間，前臂外旋，帶動手腕、手指往下扣，斜拍面包切球托右後側。

3 向前引臂擊球，手臂向上揮至最高點，前臂外旋，帶動手腕、手指往下扣，球拍向右前方滑動，斜拍面切球托右後側，使球向前向下方飛行。擊球後，球拍順勢揮至身體左下方。

正手吊球（正手吊直線、斜線）

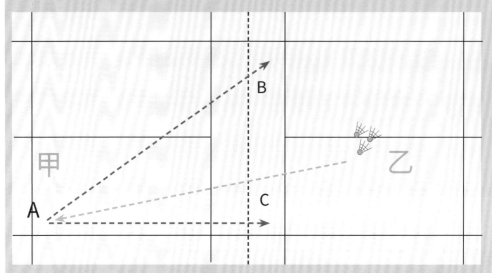

乙：採用多球訓練，乙不斷向A處挑高球，使甲在基本不移動的情況下，進行正手直線吊球、正手斜線吊球的練習。甲：位於右後場接近邊底線的A處，分別向對方場地網前的兩個落點B、C處擊出正手直線吊球、正手斜線吊球。20個球為一組。

*劈吊也可以用此訓練模式。

反手吊球（反手吊直線、斜線）

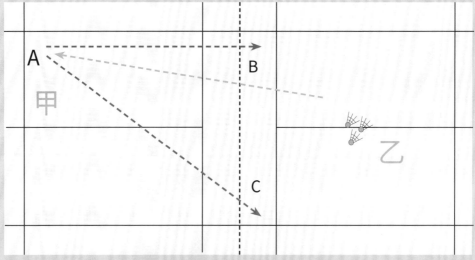

乙：採用多球訓練，乙不斷向A處挑高球，使甲在基本不移動的情況下，進行反手直線吊球、反手斜線吊球的練習。甲：位於右後場接近邊底線的A處，分別向對方場地網前的兩個落點B、C處擊出反手直線吊球、反手斜線吊球。20個球為一組。

殺球的擊球點比高遠球的擊球點要低，有時來球位置較高時，球員一般會起跳殺球，目的
就是降低擊球點。殺球有正手殺球、反手殺球、頭頂殺球（都有直線、斜線的區分）等。

1 身體保持側立，左肩對網，雙腳開立，與肩同寬。右手正手握拍，屈肘，保持胸部舒展，舉拍於體側。左手自然上舉，保持身體平衡。

2 迎球時，提前移動到球的右後方，身體後仰挺胸，右臂擺向身後，抬肘，前臂後伸，引拍於身後，並帶動球拍於身後，這時握拍要鬆。

3 擊球前，手臂保持充分放鬆，擊球時，前臂外旋快速往前上方揮動，同時急速內旋，帶動手腕閃腕擊球，擊球要有爆發力。殺直線球，球拍向正前下方發力；殺斜線球，以拍面擊球托右側，使球向左前下方飛去。

MEMO

1. 殺球的擊球點，比高球的擊球點要低點，這樣有助於球向下壓。
2. 殺球點儘量位於人體前方，否則發力會比較困難。

◎ **球的運行軌跡**

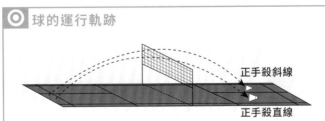

正手殺斜線

正手殺直線

擊球方法：擊球瞬間，前臂外旋，再急速內旋，閃腕擊球。

反手殺球，關鍵在於如何製造出強勁的殺球力量，控制殺球的下壓弧線和方向。你要注意這幾個關鍵環節：出拍拍面角度、揮拍軌跡、擊球節奏。

1 側對球網站立，兩腳開立，雙膝微屈，右手正手握拍，自然舉於身體右前方，目視來球方向。

2 準備迎球時，身體左轉，向左後方跨步，肘部抬起，上臂和前臂保持一定的夾角（約45°），手腕立起，正手握拍變成反手握拍。

3 右腳蹬地，腰腹發力，收緊後背，上身略向右轉動，同時上臂帶動前臂，外旋變內旋，快速閃動擊球。殺直線球，擊球瞬間拍面向正前下方壓；殺斜線球，擊球時拍面向斜向右前方下壓。

MEMO

反手殺球時，場地空檔會比較大，因此殺球點不能太靠後。而且殺球點過於靠後的話，反手殺球的力量也會減弱很多。

◎ 球的運行軌跡

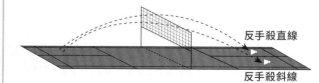

反手殺直線

反手殺斜線

擊球方法：上身向右旋轉，上臂帶動前臂，由外旋至內旋，快速閃動擊球。

劈殺是羽毛球常用殺球技術之一，速度快，弧線陡，具有突擊性，往往使對方措手不及，常常能達到一招制敵的效果。

1 側身左肩對網，兩腳開立，與肩同寬，右手正手握拍，屈肘舉拍於體側，保持胸部舒展。左手自然上舉，保持身體平衡。

2 準備迎球起跳，起跳時身體後仰挺胸，身體呈反弓形。右臂揮拍擺向身後，這時握拍要鬆。

3 接球時身體前傾。看準來球方向，右臂向上揮拍，這時握拍要緊。

4 用球拍的斜拍面切擊球托，發力擊球。擊球時，手指突然抓緊拍柄，手腕的爆發力集中在擊球點上。如果想改變球的飛行路線，可適當改變轉體的程度和球拍的角度。

⬤⬤⬤⬤⬤⬤⬤⬤⬤⬤

── MEMO ──

1. 正手劈殺和正手殺球相比，前面的動作一樣，只是在擊球瞬間要用斜拍面切擊球托。2. 擊球時，要用球拍面切削球托。

◎ 球的運行軌跡

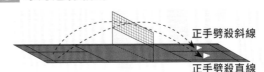

正手劈殺斜線

正手劈殺直線

擊球方法：右臂外旋高舉，然後內旋，帶動手腕，閃腕擊球，要有爆發力。

正手殺球（正手殺直線、正手殺斜線）

乙：採用多球訓練，乙不斷向A處挑出高球，使甲在基本不移動的情況下，進行正手直線殺球、正手斜線殺球的練習。甲：位於右後場接近邊底線的A處，分別向對方中場兩邊線的兩個落點B、C處擊出正手直線殺球、正手斜線殺球。20個球為一組。

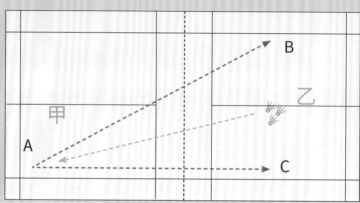

反手殺球（反手殺直線、反手殺斜線）

乙：採用多球訓練，乙不斷向A處挑出高球，使甲在基本不移動的情況下，進行反手直線殺球、反手斜線殺球的練習。甲：位於左後場接近邊底線的A處，分別向對方中場邊線的兩個落點B、C處擊出反手直線殺球、反手斜線殺球。20個球為一組。

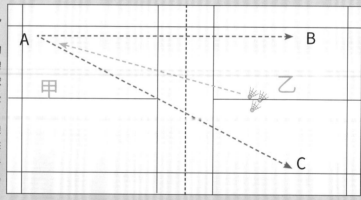

正手劈殺（正手劈殺直線、正手劈殺斜線）

乙：可採用多球練習。乙不斷將球挑向A處，使甲在基本不移動的情況下，進行正手劈殺直線球、正手劈殺斜線球的練習。甲：甲位於右後場接近邊底線的A處，分別向對方場地的兩個落點B、C回擊正手劈殺直線球、正手劈殺斜線球。

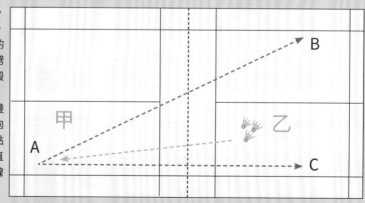

羽毛球的擊球點,有兩個概念,一個是球拍上的擊球點,另一個是擊球時,球相對於身體的空間位置。後一個概念很重要,擊球點位置是否合適,影響擊球品質:擊球點合適則擊球省力,球速快,品質高;擊球點不合適,擊球不但費力,擊出的球品質也不高,容易被對方回擊。下面一起分析一下不同位置的擊球點。

擊球點靠前

擊球點位於身體前方,可採用主動迎球擊球的方式,根據來球高低自由採取多種擊球方式。其優點在於:回球距離最短,速度快,力量大;擊球角度和球路都比較靈活。

擊球點靠後

是指擊球點位於身體後面,擊球時往往比較被動,擊球的角度大大受限,且不利於發力,回球球速慢,品質不高。應對方法:多練後場步法,提高腳下移動速度;熟練掌握後場擊球技術,接球時持拍手的手臂儘量伸展開。

擊球點靠左

以右手持拍為例,擊球點靠左是指擊球點位於身體左側。位於身體左側的球,自然用反手擊球最容易,可以反拍面擊直線球或斜線球,其中反手擊直線球最容易。

擊球點靠右

以右手握拍為例，擊球點靠右是指擊球點位於身體右側，用正拍面擊直線球容易，擊斜線球則稍有難度。

高位擊球點

是指擊球點在身體的制高點，擊球時往往比較主動。其優點在於：擊球點高，擊球角度多且靈活，威力大，後場殺球、吊球，前場撲球、封網等，都是常用的、威脅性比較大的擊球方式。球的飛行弧度比較陡且直，使對方的回球比較被動。

低位擊球點

低位擊球點是非常被動的擊球點，要麼是距離身體較近的追身球，要麼是距離地面太近的低手位球。這樣的來球，觸球角度受限，一般只能回擊向上的高弧度球。

觸網

觸網是指在比賽進行中，運動員的身體、衣服或球拍碰觸到球網、網柱或網柱的支撐物的情形。如果觸網發生在「死球」之前，該觸網被判為違例；如果發生在「死球」之後，則不屬於違例。

過網擊球

過網擊球，是指在比賽進行中，球拍與球的最初接觸點不在擊球者的這一方場地。球被擊出後，球拍過網則不屬於違例。

死球

死球有以下幾種情況：1.球撞網並掛在網上，或停在網頂；2.球撞網或網柱後開始向擊球者這一方下落；3.球觸及地面；4.已宣報「違例」或「重發球」時。死球則意味著一方得分或者重新發球。

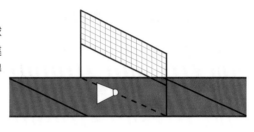

1

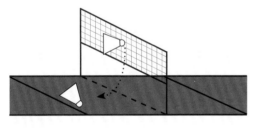

2

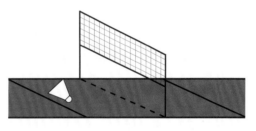

3

出界

發球或擊球，球落地時超出所界定的相應的邊界，則被視為出界違例。如果球托的落點在規定區域的線上，被視為界內，不屬違例。

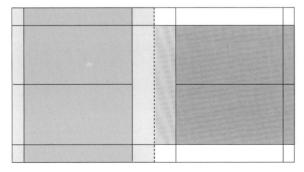

單打，發球落地範圍。

雙打，發球落地範圍。

單打，擊球落地範圍。

雙打，擊球落地範圍。

第4章

羽毛球步法

這一章主要對羽毛球的步法做介紹和講解。其中包括基本步法、上網步法、兩側移動步法、後退步法。

1 基本步法

墊步

羽毛球步法是羽毛球運動中重要的基本技術,更是被稱為「羽毛球運動的靈魂」,與手法相輔相成,不可分割。有了好的步法,手法技術才能得到更好的發揮,球場上才能表現得更出色!本章所有步法,都是配合右手握拍法講解。

向前墊步▶

技術要領:雙腳開立,右腳邁向右上方,左腳緊跟。

MEMO
特點和實用性:步伐小,變換靈活,一般用於調整步距、重心和運動方向。

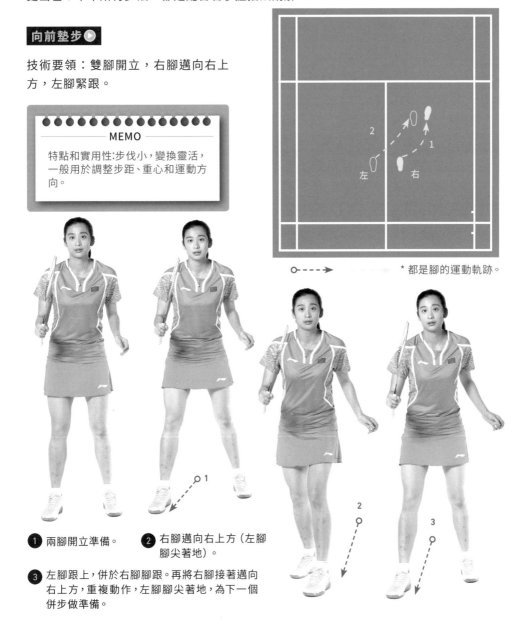

◦- - - → ＊都是腳的運動軌跡。

① 兩腳開立準備。　② 右腳邁向右上方(左腳腳尖著地)。

③ 左腳跟上,併於右腳腳跟。再將右腳接著邁向右上方,重複動作,左腳腳尖著地,為下一個併步做準備。

115

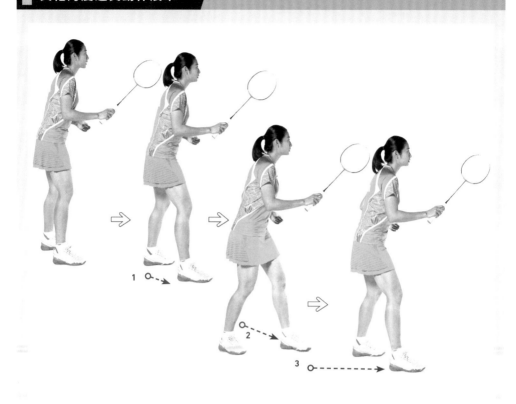

技術要領：兩腳開立，向右轉體90°，同時右腳向右後方90°方向邁出，然後左腳和右腳併在一起。

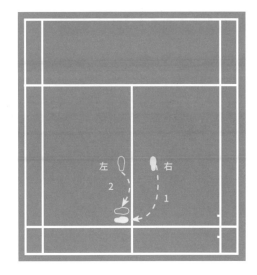

---- MEMO ----

特點和實用性：無論是進攻還是防守，都可用墊步調整身體重心和步距。

❶ 兩腳開立準備。

❷ 以左腳為軸心，腳尖點地，向右轉體，同時右腳向右後方90°方向邁出。

❸ 左腳向右腳併攏。

117

向前交叉步 ▶

兩腳併立，左腳向右前方邁一步，然後右腳越過左腳向右前方邁一大步。移動過程中，腿部保持自然彎曲，不要繃得太直。

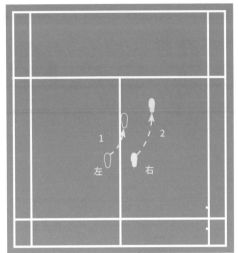

```
MEMO
特點和實用性：步子大，在移動過
程中，身體重心較穩定。
```

1 兩腳開立準備。

2 重心前移的同時，左腳向右前邁出一步（同時右腳腳尖著地）。

3 左腳踏實後，右腳也向右前邁出一大步。

準備姿勢狀態下,右腳向右後方邁一步,同時向右轉體,然後左腳從右腳後邊穿過,邁向右腳的右側,右腳再撤至左腳的右側。

—MEMO—

特點和實用性:向後交叉步在打後場球移動時使用頻率很高。

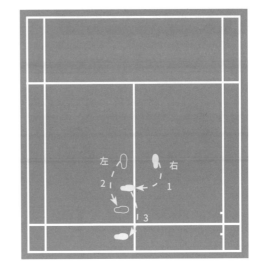

1 兩腳開立準備。

2 向右轉體,右腳向右後方90°方向邁步。

3 左腳通過右腳後方,向右邁出一步。

4 右腳撤至左腳的右側。

併步

左右併步 ▶

兩腳開立，身體重心右移，右腳向右
邁出一步，左腳跟著邁出一步，和右
腳併攏。可進行連續併步。

MEMO

特點和實用性:移動簡便,難度小,
常用在上網和接殺球的過程中。

1 兩腳開立準備。

2 身體重心右移,右
腳向右邁一步。

3 左腳跟隨右腳向右
邁,和右腳併攏。右
腳可以繼續向右邁,
左腳相繼跟上,進行
連續併步。

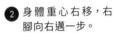

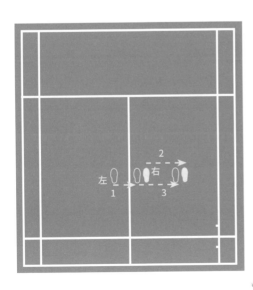

123

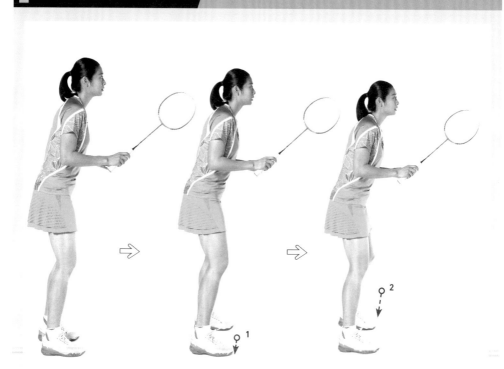

向後併步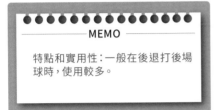

兩腳開立，以左腳為軸，向右後方90°方向轉體，同時右腳向右後方90°方向跨出一步，然後左腳跨向右腳併在一起。右腳可繼續右跨，重複動作。

●●●●●●●●●●●●●●●●
────── MEMO ──────
特點和實用性：一般在後退打後場球時，使用較多。

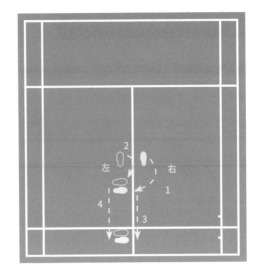

❶ 兩腳開立準備。　❷ 向右轉體，右腳向右後方跨出一步。　❸ 左腳向右腳併攏。右腳可繼續右跨，重複動作，進行連續併步。

在向來球移動的最後一步中，左腳用力
後蹬，右腳向前跨一大步。

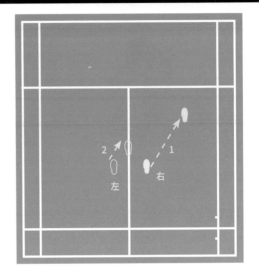

```
┌──────────────────────────────┐
│  MEMO                        │
│  特點和實用性：跨度大，速度快，常 │
│  在上網擊球時使用，後場底線兩角抽 │
│  球時也常用。                   │
└──────────────────────────────┘
```

① 兩腳開立準備。

② 左腳蹬地發力，右腳向前邁出
一大步。

③ 左腳跟隨在地面上做拖拽動
作，緩衝跨步的衝力。

基本步法組合：米字步

米字步，即步法的軌跡和「米」字一樣，如下圖，以紅點為圓心，分別向8條紅線的方向邁步擊球的步法。它包括多種基本步法，如併步、墊步、交叉步等，原則上多用墊步，在移動距離較遠時，可用交叉步。在移動方向上，可分為左右移位、左前移位、右前移位、左後移位、右後移位。其中向前移動用向前的墊步，向後移動用向後的交叉步，就不再多介紹。

向右移位 ▶

米字步的左右移位，在雙打中常用於補位，在單打中常用於配合擊打中場左右兩側的來球。右腳右移一步，左腳右移和右腳併攏，然後右腳再向右跨一步。也可以用向右的交叉步。

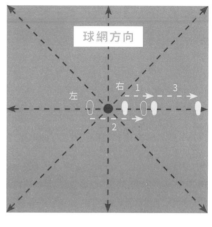

① 兩腳開立準備。

② 右腳右移一步，左腳跟隨和右腳併攏。

③ 左腳和右腳併攏的同時，右腳再向右跨出一大步。

向左移位 ▶

向左移位，在雙打中常用於補位，在單打中常用
於配合擊打中場左側的來球。左腳左移一步，右
腳左移和左腳併攏，然後左腳再向左跨一步。也
可以用向左的交叉步。

① 兩腳開立準備。

② 左腳左移一步，右腳跟隨和左
腳併攏。

③ 右腳和左腳併攏的同時，左腳再
向左跨抽一大步。

左前移位

向左前方移動時，先跨出右腳，左腳做墊步或交叉步，右腳再向左前方跨出一步。

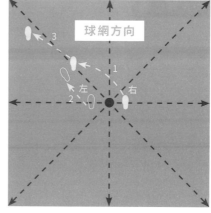

1 兩腳開立準備。

2 右腳向左前方邁一步。

●●●●●●●●●●●●●●●
——— MEMO ———
特點和實用性：
蹬轉步步伐迅速，轉體敏捷，在後場球中十分實用。

3 左腳併向右腳做墊步（或交叉步）。左腳著地同時右腳再向左前方跨出一大步。

131

右前移位

向右前方移動，右腳先向右前方邁一步，左腳跟隨做交叉步（或墊步），然後右腳再向右上方跨一步。

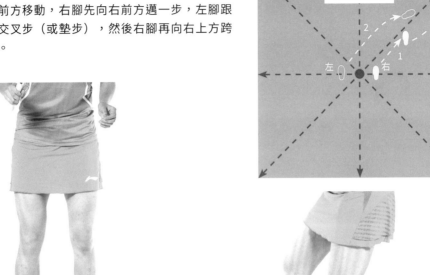

2 向右稍轉身，跨出右腳。

1 兩腳開立準備。

3 左腳併向右腳做交叉步（或墊步）。

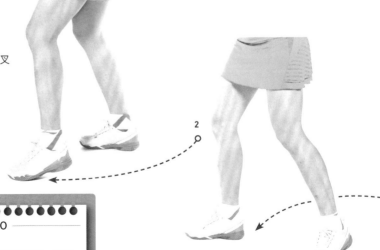

4 左腳著地的同時，右腳再向右前方跨出一大步。

—— MEMO ——

特點和實用性：
蹬轉步步伐迅速，轉體敏捷，在後場球中十分實用。

向右後移位時，要先跨出右腳，向右轉身然後做
交叉步（或墊步），之後右腳再向右後方跨出一
步，將身體移動到後場位置。

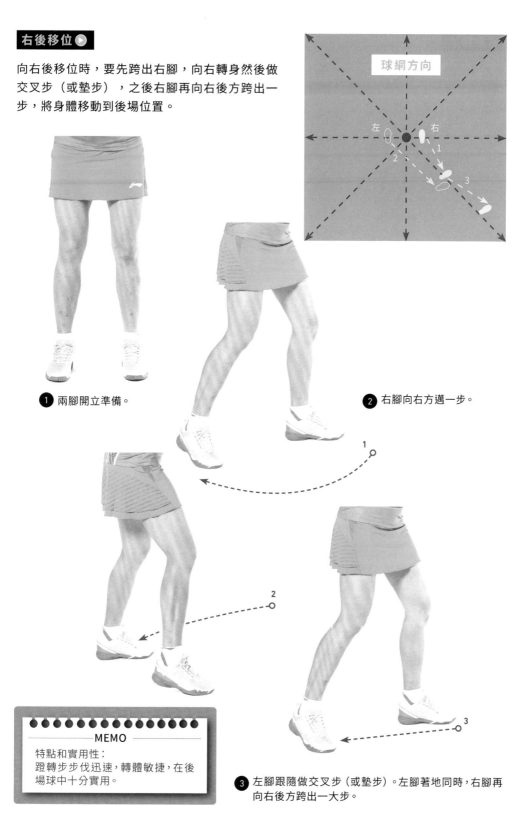

球網方向

左 右

① 兩腳開立準備。

② 右腳向右方邁一步。

━━━━━━━ MEMO ━━━━━━━
特點和實用性：
蹬轉步步伐迅速，轉體敏捷，在後
場球中十分實用。

③ 左腳跟隨做交叉步（或墊步）。左腳著地同時，右腳再
向右後方跨出一大步。

左後移位 ▶

向左後方移位，先經右側向左後轉體，同時右腳
向左後方跨出一步，左腳跟著做墊步，然後右腳
再向左後方跨出一大步。

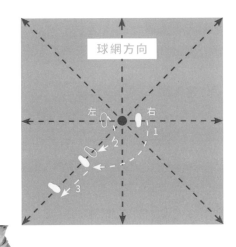

① 兩腳開立準備。

② 先向左後轉身，同時右腳邁
出一步。

MEMO
特點和實用性：
蹬轉步步伐迅速，轉體敏
捷，在後場球中十分實用。

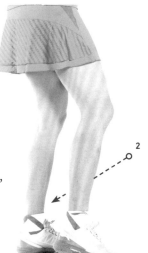

③ 左腳跟上做墊步，左腳著地同時，
右腳再向左後方跨出一大步。

2 上網步法

正手上網步法

上網步法,也就是配合前場擊球使用的步法。上網步法整體上要注意以下三點:1.向前衝力不要太大,否則會失去身體平衡;2.到達擊球位時,前腳腳尖應朝邊線方向,有利於借衝力向前滑步;3.擊球後迅速退回中心起始位置,可採用跨步、墊步、交叉步等。

正手蹬跨步上網法 ▶

一般來球距離較近時使用。運用一步,也就是蹬跨步上網。

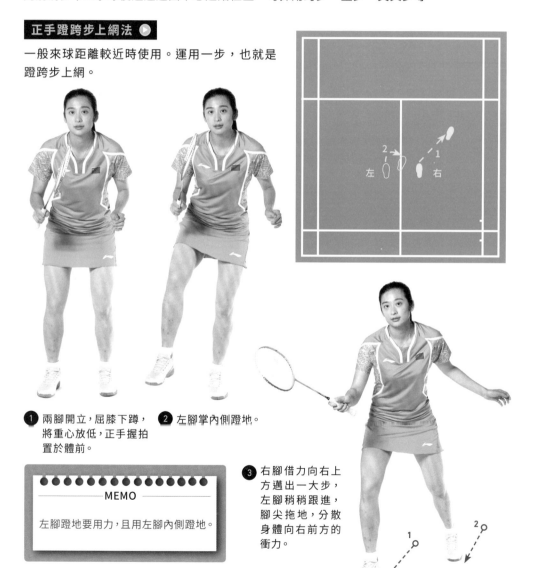

1 兩腳開立,屈膝下蹲,
將重心放低,正手握拍
置於體前。

2 左腳掌內側蹬地。

3 右腳借力向右上
方邁出一大步,
左腳稍稍跟進,
腳尖拖地,分散
身體向右前方的
衝力。

---MEMO---
左腳蹬地要用力,且用左腳內側蹬地。

135

正手交叉步上網法 ▶

來球距離適中時使用，左腳先往右前方邁一步，接著右腳再往前邁一大步。

MEMO

1. 手法的配合：右手伸向來球的時候，左手在身後自然伸展開，配合身體平衡。
2. 左腳蹬地要用力。
3. 右腳著地時，腳掌外展，腳跟先著地。

① 兩腳開立，屈膝下蹲，將重心放低，正手握拍於體前。

② 雙腳迅速蹬地發力，左腳往右前方來球方向邁出一步。

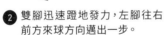

③ 左腳落地同時用力蹬地。右腳再向來球方向跨出一大步，腳掌外展，腳跟著地，穩住重心。

正手交叉步加跨步上網法 ▶

來球距離較遠時使用。主要運用交叉步、跨步的結合來完成。

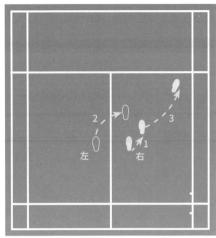

1 兩腳開立，屈膝下蹲，將重心放低，正手握拍於體前。

2 啟動後右腳先向右上方邁出一小步。

3 左腳跟上做一個前交叉步。左腳著地同時，蹬地發力。

4 右腳再向右上方跨出一大步，左腳腳尖內側拖地。

137

反手上網步法

反手蹬跨步上網法 ▶

配合反手的手法，先向左轉身，然後向左前場做
蹬跨步上網，來球距離較近的時候使用。

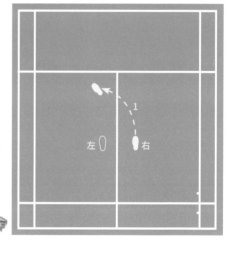

1 兩腳開立準備。
屈膝下蹲，將重
心放低，正手握
拍舉起。

2 啟動後身體左轉，右
肩對網，左腳蹬地。

3 右腳向左前跨一大步，左
腳腳尖內側拖行。

```
━━━━━━━ MEMO ━━━━━━━

1. 先轉身，左腳用力蹬地。
2. 右腳著地時，腳跟先著地。
```

反手交叉步上網法 ▶

配合反手手法,在左前場做交叉步上網,在來球距離較遠時使用。

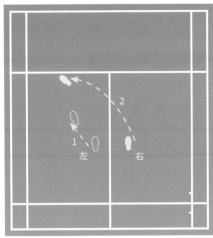

❶ 兩腳開立準備。屈膝下蹲,將重心放低,正手握拍舉起。

❷ 左腳邁第一步,著地時直接蹬地。

❸ 右腳做交叉步,向左前方邁一大步,左腳腳尖拖地輔助支撐。

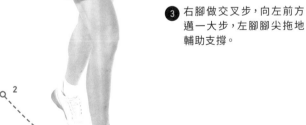

MEMO

1. 手法的配合:轉體後,手握拍改為反手握拍。
2. 左腳蹬地要用力。
3. 右腳著地時,腳跟先著地,左腳腳尖拖行。

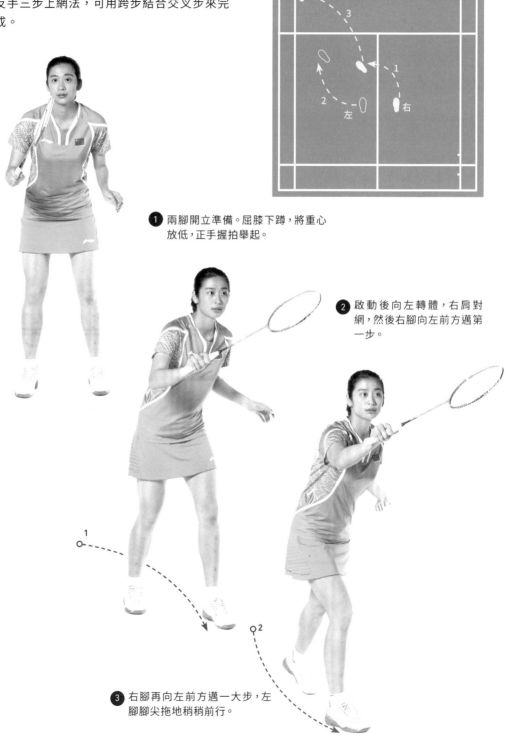

反手交叉步加跨步上網法 ▶

反手三步上網法，可用跨步結合交叉步來完成。

❶ 兩腳開立準備。屈膝下蹲，將重心放低，正手握拍舉起。

❷ 啟動後向左轉體，右肩對網，然後右腳向左前方邁第一步。

❸ 右腳再向左前方邁一大步，左腳腳尖拖地稍稍前行。

3 兩側移動步法

正手兩側移動步法

中場步法在接殺球時運用最多，步法到位，接殺球成功率高，步法不到位，則接殺球很難成功，因此接殺球的步法很重要。中場的接殺球步法一般分為正手蹬跨步接殺球、反手蹬跨步接殺球、正手墊步加跨步接殺球、反手墊步加跨步接殺球。

正手蹬跨步接殺球 ▶

對方殺過來的球距離較近時，可以直接向右做蹬跨步接殺球。

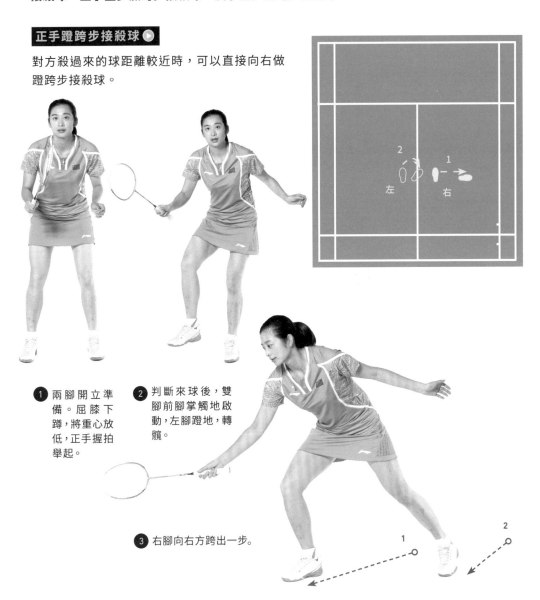

① 兩腳開立準備。屈膝下蹲，將重心放低，正手握拍舉起。

② 判斷來球後，雙腳前腳掌觸地啟動，左腳蹬地，轉髖。

③ 右腳向右方跨出一步。

正手墊步加跨步接殺球 ▶

用墊步和跨步相結合的步法來接右邊中場的
殺球，在來球距離稍遠時使用。

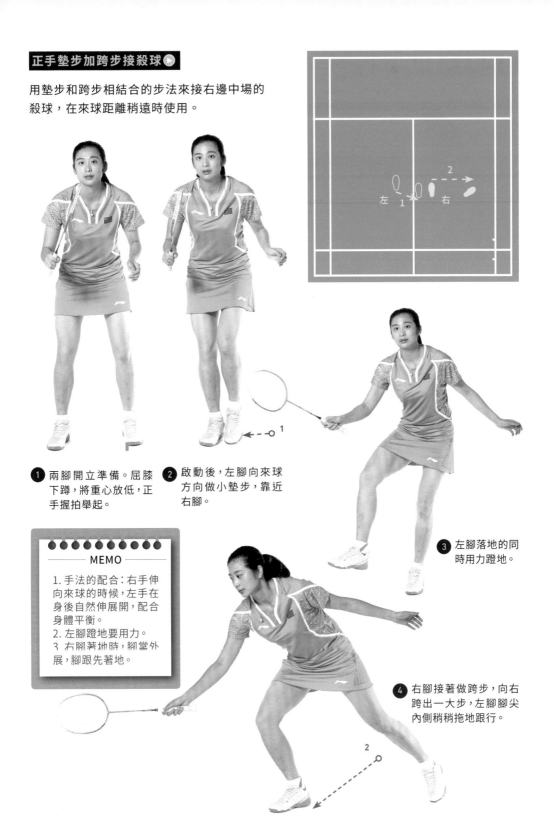

1 兩腳開立準備。屈膝
下蹲，將重心放低，正
手握拍舉起。

2 啟動後，左腳向來球
方向做小墊步，靠近
右腳。

3 左腳落地的同
時用力蹬地。

MEMO

1. 手法的配合：右手伸
向來球的時候，左手在
身後自然伸展開，配合
身體平衡。

2. 左腳蹬地要用力。

3. 右腳著地時，腳掌外
展，腳跟先著地。

4 右腳接著做跨步，向右
跨出一大步，左腳腳尖
內側稍稍拖地跟行。

144

反手兩側移動步法

反手蹬跨步接殺球 ▶

對方殺過來的球距離較近時，可以直接向左做
蹬跨步接殺球。

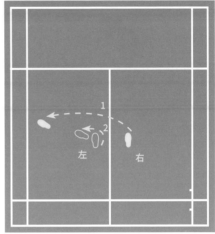

1 兩腳開立準備。屈膝下蹲，將重心放低，
正手握拍舉起。

2 兩腳啟動後，左腳蹬地發力，轉髖轉體。
轉體時正手握拍改為反手握拍。

MEMO

1. 左腳蹬地發力，轉
髖轉體。
2. 右腳著地時，腳跟
先著地。

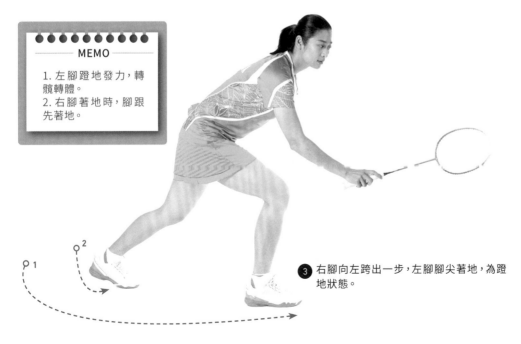

3 右腳向左跨出一步，左腳腳尖著地，為蹬
地狀態。

145

反手墊步加跨步接殺球 ▶

對方殺來的球位於左邊中場,且距離較遠
時,可採用反手墊步加跨步來接殺球。

1 兩腳開立準備。
屈膝下蹲,將重
心放低,正手握
拍舉起。

2 兩腳啟動後,左腳向左墊一
小步,轉體轉髖。轉體時正
手握拍改為反手握拍。

3 左腳落地的同
時用力蹬地。

🔘🔘🔘🔘🔘🔘🔘🔘🔘

── MEMO ──

1. 手法的配合:右手
伸向來球的時候,左
手在身後自然伸展
開,配合身體平衡。
2. 左腳蹬地要用力。
3. 右腳著地時,腳掌
外展,腳跟先著地。

4 右腳再向左跨出一大
步,背對球網,左腳腳
尖呈蹬地狀態。

4 後退步法

正手後退步法

後退步法是指為了擊打後場球，從中場退往後場所使用的步法，所以我們又稱其為後場後退步法。

正手一步後退步法

對方來球距離較近時，可以直接向右後做蹬跨步接殺球。

❶ 兩腳開立準備。屈膝下蹲，將重心放低，正手握拍舉起。

❷ 判斷來球，雙腳迅速啟動，以左腳掌為軸心，轉體轉髖的同時，右腳向來球方向邁出一步。

❸ 身體重心下沉，雙腳起跳擊球。

149

正手兩步後退步法

來球在右後場稍遠距離時，用此步法，為蹬轉步和併步的組合。

❶ 兩腳開立準備。屈膝下蹲，將重心放低，正手握拍舉起。

右 1
左
2
起跳

❷ 然後左腳蹬地，右腳向後跨出一步，同時轉體轉髖。

1

---- MEMO ----

1. 手法的配合：轉體的時候，左手自然上舉伸展開平衡身體。
2. 起跳時重心在雙腳。

❸ 左腳向右腳併步。身體重心下沉，起跳擊球。

來球在右後場距離較遠時，用此步法，為蹬轉
步、併步和跨步的組合。

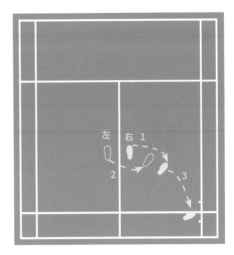

① 兩腳開立準備。屈膝下蹲，將重心放低，正
　手握拍舉起。

② 左腳蹬地，右腳向右跨出一步，同時轉體
　轉髖。

③ 左腳經右腳後面做併步。

④ 右腳再向來球方向跨出一
　大步，揮拍擊球。

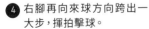

頭頂後退步法

頭頂正手一步後退步法

如果來球在頭頂稍稍靠後的地方，可直接向來球方向轉體，向後邁一步擊球，實為向後方的蹬跨步。

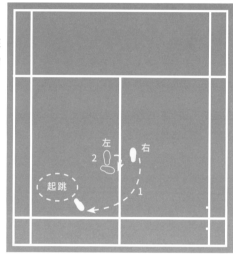

① 兩腳開立準備。屈膝卜蹲，將重心放低，正手握拍舉起。

② 左腳蹬地發力，身體向來球方向轉體轉髖。

③ 右腳向後邁出一步，起跳擊球。

頭頂正手兩步後退步法

來球在左後場距離較遠時,用此步法,為蹬轉步與併步的組合。

1 兩腳開立準備。屈膝下蹲,將重心放低,正手握拍舉起。

2 左腳蹬地發力,身體向來球方向轉體轉髖。

3 左腳向右腳併步,重心下沉,然後起跳擊球。

第5章

羽毛球單打

這一章主要對羽毛球單打做介紹和講解。其中包括單打賽制、單打接發球、單打戰術。

1 單打賽制

羽毛球單打比賽規則

1.1　發球員的分數為0或雙數時，雙方運動員均應在各自的右發球區發球或接發球。

1.2　發球員的分數為單數時，雙方運動員均應在各自的左發球區發球或接發球。

1.3　如「再賽」，發球員應以該局的總得分，按規則1.1和1.2的規定站位。

1.4　球發出後，由發球員和接發球員交替對擊直至「違例」或「死球」。

1.5.1　接發球員違例或因球觸及接發球員場區內的地面而成死球，發球員得一分。隨後，發球員再從另一發球區發球。

1.5.2　發球員違例或因球觸及發球員場區內的地面而成死球，接發球員得一分。隨後，接發球員獲發球權。其餘請參考第一章關於羽毛球的比賽制度。

2 單打接發球

在單打的發、接發中，雖然發球者處於主動狀態，接發球者處於被動、等待的狀態，但由於有發球規則的種種限制，接發球者並沒有受到太大威脅，甚至處理好接發球，可以變被動為主動。

接發球的姿勢

不同角度動作展示

球拍的甜點，和球網上端保持齊平，或略微高於球網

握拍力量大，角度廣

手腕鬆，虎口及掌心空

左右臂皆抬起，呈打拳狀，大前臂之間的夾角約為 90°

重心位於兩腳之間

球拍側斜，拍框的側斜面對著場地正前方

眼睛盯住球，注意來球方向

身體稍前傾

雙腿微屈

雙腳腳後跟微抬，前腳掌著地

左腳在前

單打接發球時的站位

和前發球線保持1.5公尺的距離。如果在右區接發球，站在偏中線的位置（防止對方的平射球攻擊頭頂區域）；如果在左區接發球，站在中線和邊線的中間位置。此外，需視個人情況靈活處理，若後場偏移能力好，可稍靠前站立；若後場移動較弱，宜稍靠後站立。

單打接發網前球

接發前場球，一般可以用平推球、挑高球或者放網前小球來還擊，如果來球較高，則可以直接撲球。接發網前球時，儘量搶佔更高的擊球點，使回球到達對方場地的落點更低，讓自己變被動為主動。

1 用接發球的準備姿勢站立，左腳在前，右腳在後，注視前方，關注來球。

2 判斷來球，然後左腳蹬地，右腳向右上方跨出一步，手心向上，拍頭稍稍下沉，指向網邊，手腕略高於拍頭，拍面低於網頂。

3 擊球時，用正拍面搓擊來球的底部，使球旋轉過網，落於對方前場網前。

■ 不同角度動作展示

單打接發後場球

接發後場球，一般是平高球和高遠球，最基本的策略是快速移動至後場球後方，以獲取最佳擊球點，提高回球準確性及力度。此外，移動速度快，能為自己贏得更多時間，把動作做得更具隱蔽性，以迷惑對方，為自己贏得主動權。

1 用接發球的準備姿勢站立，左腳在前，右腳在後，注視前方，關注來球。

2 判斷來球方向後，迅速向右轉體轉髖，身體重心轉移至右腳，右手持拍，自然屈肘，向身後做引拍。

3 接球時，右手持拍舉過頭頂擊球，盡量將球擊向對方後場。擊球後順勢將球拍收回至身體左下方。

單打戰術

掌握了羽毛球的發球、擊球、步法等基礎技術後，在實戰中，還需要有相應的戰術來配合，才能克敵制勝。（左邊為發球方，右邊為接發球方。）

右發球區發底線球

接發球員在右發球區接發球時，一般位於中線附近，發球員此時可以發後場球，飛行時間長，自己有充分的時間調整狀態，準備下一次擊球。

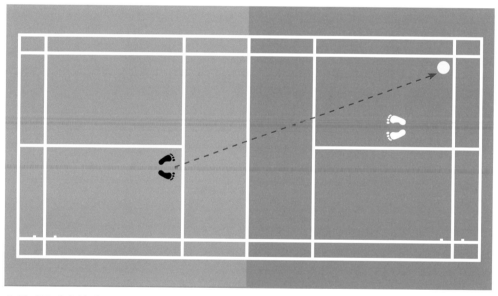

右發球區發底線球

羽毛球飛行軌跡（後同）。實線箭頭為最後制勝球的飛行軌跡。

左發球區發底線球

接發球員在左發球區接發球時，一般位於中線和邊線的中間，發球員此時可以向對方後場發球，左右可靠近中線或邊線，目的也是為自己獲取時間，準備下一次擊球。

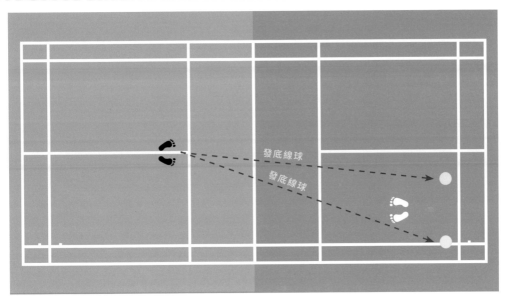

左發球區發底線球

殺邊線

將擊球的重點放在殺邊線上，左邊邊線和右邊邊線輪換，讓對方不斷地向左、向右低重心接球，耗費對方體力。

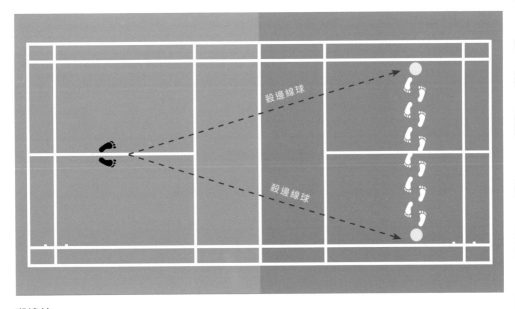

殺邊線

將球分別擊到對方的右後場（右前場）和左前場（左後場），而且最好是場地的邊角，來回重複，使對方呈斜線來回跑動接球，耗費體力，進而導致對方回球品質差，陷入被動局面，為己方進攻創造機會。

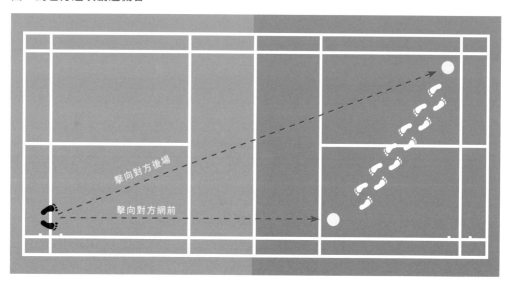

拉斜線

發球強攻

主要針對防守技術差或後場進攻能力較強的對手。發平快球，結合網前球，或發網前球，結合平快球，限制對方進攻，迫使對方打出高球，己方可趁機找出對方的空檔，進行殺球或吊球，給自己創造制勝機會。

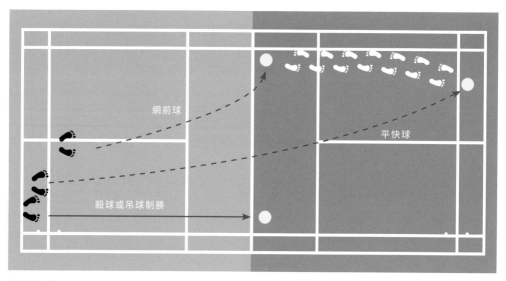

發球強攻

控制後場，突擊前場

當己方處於控制地位時，可以向對方後場擊高遠球或平高球，將對方壓制在後場兩角，使對方疲於應付後場，疏於前場的防守，此時可以找機會殺球、輕吊球或搓球，從而獲得取勝機會。

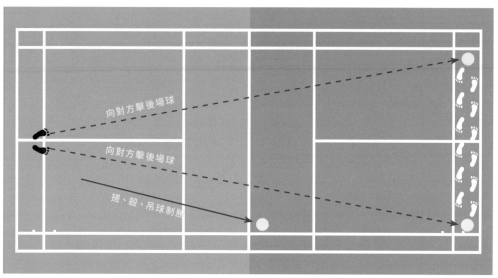

控制後場，突擊前場

控制網前，突擊後場

運用良好的放網技術控制網前球，如搓球、勾球等，將對方控制在網前兩角，如果對方前場技術較差，會直接失誤；或者伺機向對方中後場殺球或劈殺取勝。

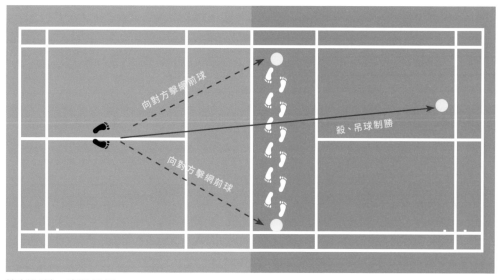

控制網前，突擊後場

利用良好的技術，將球控制在對方場地的四個角落，使對方疲於接球而來不及回中心位置的情況下，己方伺機抓空檔殺球取勝。和拉斜線的戰術頗有一致性。

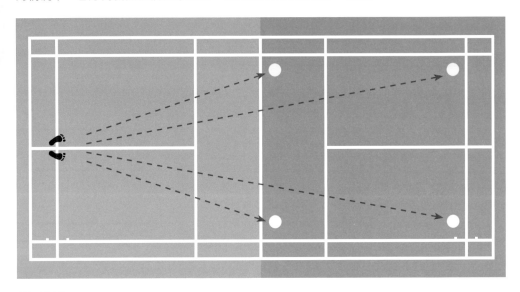

打四方球

逼反戰術

一般情況下，後場反手擊球比較被動，進攻性很弱，或者不具有進攻性，而且球路比較簡單，返回場地中心也很被動，己方可反覆將球擊向對方左手後場區，使對方露出空檔，伺機攻殺取勝。（圖示中假設對方為右手握拍。）

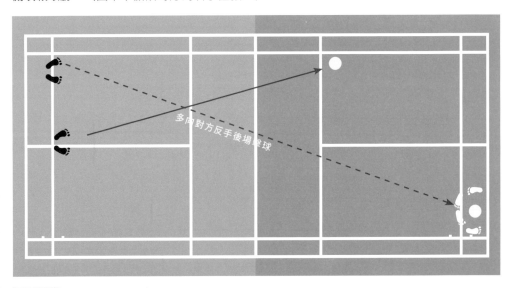

逼反戰術

重複球，就是打重複線路、重複落點。對於啟動、回中速度快的對手，打重複球是最好的選擇。將球打向一個點位，對手回擊後迅速回位，然後己方再將球打向該點位，對方再次迅速啟動回球後迅速回位，己方多次重複打同一點位後，對方節奏被打亂，此時己方伺機找空檔進攻取勝。

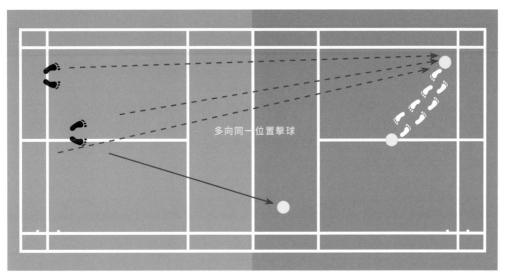

多向同一位置擊球

打重複球

後場過渡反攻

過渡球是在己方處於被動情況下，為擺脫被動局勢而採取的一種戰術。此戰術，無論在網前，還是在後場，都向對方擊出高遠球，給自己爭取時間調整狀態，轉入反攻並伺機取勝。

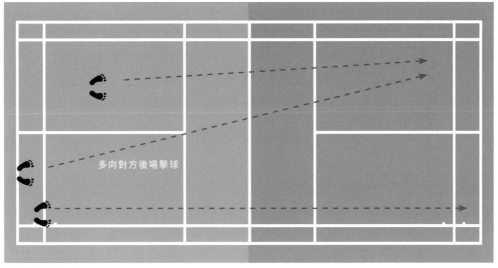

多向對方後場擊球

後場過渡反攻

該戰術也是為了擺脫被動狀態,而打過渡球的一種戰術。利用球路的多變將對方滿場調動,從而為自己爭取時間,調整狀態。具體來說,在對方富有進攻性的殺球、吊球局勢下,己方在接殺球、接吊時,儘量把球還擊到距離對方較遠的位置,且最好擊往後場距離對方較遠的位置,以破壞對方的連續進攻。

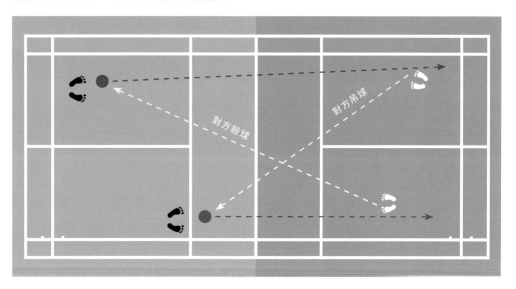

變化球路過渡反攻

164

第6章

羽毛球雙打

這一章主要對羽毛球雙打做介紹和講解。其中包括雙打賽制、雙打站位與跑位、雙打接發球、雙打進攻戰術、雙打防守戰術、雙打常見配合失誤、混雙戰術。

1 雙打賽制

羽毛球雙打比賽規則

1.1　與單打相同，發球方得分為0或偶數時，雙方在右半場進行發球或接發球；當發球方得分為奇數時，雙方在左半場進行發球或接發球。

1.2　只有接發球員才能接發球；如果他的同伴去接球或被球觸及，發球方得一分。

1.3.1　自發球被回擊後，由發球方的任何一人擊球，然後由接發球方的任何一人擊球，如此往返直至死球。

1.3.2　自發球被回擊後，運動員的站位不再受發球的限制，可以在本方場區任何位置擊球。

1.4.1　接發球方違例或因球觸及接球方場區內的地面而成死球，發球方得一分，原發球員繼續在另一發球區發球。

1.4.2　發球方違例或因球觸及發球方場區內的地面而成死球，接發球方得一分，並成為發球方。此時兩位選手不交換左右半場。

1.5　任何一方首先發球員失去發球權後，由首先接發球的同伴發球，失去發球權後再由首先發球員的同伴發球，其失去發球權後，由首先接發球員發球，如此傳遞發球權。

1.6　發球必須從兩個發球區交替發出。

1.7　運動員不得有發球順序錯誤和接發球順序錯誤，或在同　局比賽中連續二次接發球。

1.8　一局勝方中的任一運動員可在下一局先發球，負方中的任一運動員可先接發球。其餘請參考第一章關於羽毛球的比賽制度。

2 雙打站位與跑位

雙打中的站位安排很重要，是根據雙方的技術水準、打法特點及球路變化等來安排的，直接影響擊球效果及戰術佈置。一般有下面這幾種站位。

前後站位

本方發球時一般採取此種站位，屬於進攻型站位。具體運用中，控球性較強的隊員站前場，攻擊性較強的隊員站後場。

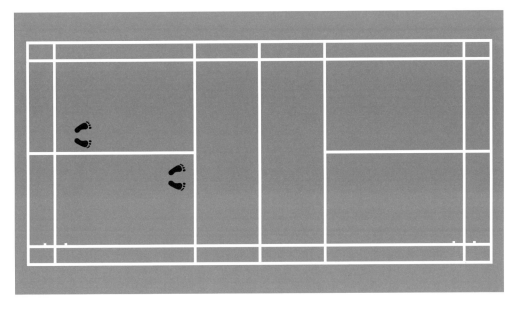

[打法]

發球員發球後，可上網封堵前場，後場球員則應對中後場來球。從進攻方面來說，前場隊員可透過網前技術，比如撲球、搓球、放網、勾對角等，打亂對方站位，再伺機攻殺；或者後場的隊員進行連續的扣殺，前場的隊員配合封堵網前，伺機給對方致命打擊。

一般在本方接發球或處於被對方壓制狀態下的站位，屬於被動型站位。

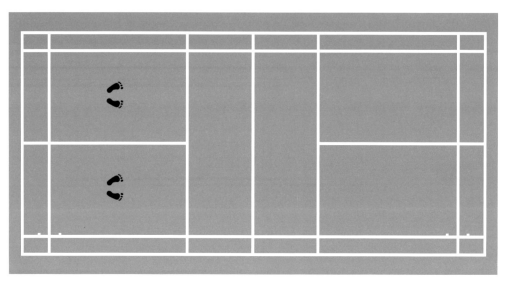

[打法]
如果回擊對方後場球，接球方立即從前後站位變為左右站位，兩人分別負責左、右半場，並多用平抽技術將球壓制住對方後場底線兩角，使對方回球無力，伺機扣殺或吊球制勝。

搶攻站位

此種站位為接發球站位，兩位隊員都距離發球線很近，高舉球拍，身體傾斜度較大，屬於典型的進攻型打法，男選手使用該站位居多。

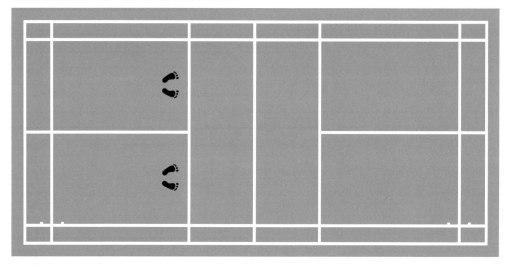

[打法]
接發球進行搶攻，然後迅速用小碎步調整，回到中間位置。

此種站位中，雙方呈對角線站立，且雙方距離較遠。

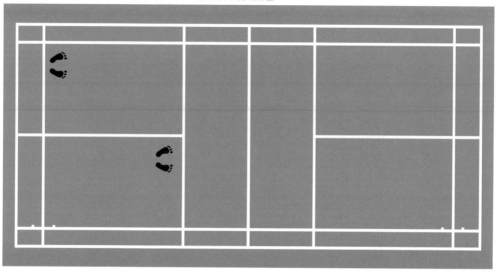

[打法]
前場的隊員應對網前球，後場的隊員負責後場來球，及時填補空缺。

雙打跑位

在雙打比賽中，很多時候隊員不是站位，而是跑位，根據比賽局勢進行調整。雙打跑位一般分兩種情況。（若無特殊說明，左邊為己方場次，右邊為對方場地。）

情況一

發球或接發球時前後站位，但當對方擊來的後場高球偏於一側邊線時，前場的隊員可快速後退擊球，而原本在後場的隊員可向另一側位置補位，形成左右站位。

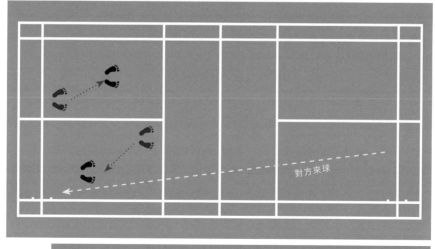

對方來球

............▶ 腳部移動軌跡   ------▶ 球飛行軌跡（後同）

發球或接發球時為左右站位，比賽進行中，一旦形勢對己方有利，可進行下壓進攻時，己方一名球員迅速上網封堵，另一球員則移動到後場，進行後場的扣、吊、殺球等，展開進攻。

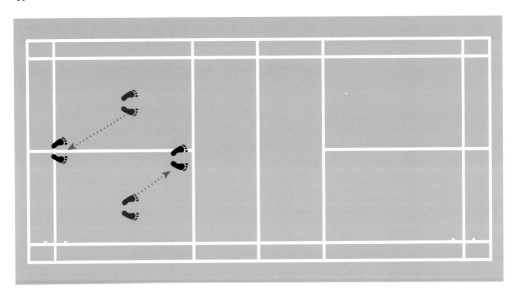

雙打跑位常用原則

根據隊員的自身技術特點，雙打跑位也有一些規律可循，總結如下（主要是男雙和女雙）。

左右站位跑位規律：
1. 如果接中場球，則保持左右站位。
2. 如果接前場球，距球較近的人接球，若接球時可以將球往下壓，則另一隊員向後移，換成前後站位；若不能將球下壓，則繼續保持左右站位。
3. 比賽進行中，只要一人放了高品質網前球，站位靠前者即刻衝向網前，另一人則迅速移到中後場，換成前後站位。
4. 一旦遇到較好的殺球機會，則距球較近的人殺球，另一人立刻衝到網前，準備截殺對方回球，站位也換成了前後站位。

後站位跑位規律：
1. 前後站位時，前場球由站位靠前的人負責，沒有特別狀況，儘量保持前後站位。
2. 中場兩翼接殺球全部由站位靠後的隊員負責，並及時轉換為左右站位，即後場隊員移至左場接殺球時，另一隊員轉移到右場中央，後場隊員移至右場接殺球時，另一隊員則轉移到左場中央。
3. 前場作為防守人員，原則上凡是過頭的球都不接，除非球的落點距離前場隊員很近，且球速很慢。
4. 如果己方被迫起了高球，則馬上換成左右站位，做好防守準備。

跑位常識：

1. 前後站位時，網前隊員的站位，一般位於T字偏後一點。
2. 前後站位時，後場隊員儘量殺球或吊球，前面場員儘量封殺，如果做不到封殺，則儘量下壓，同時注意左右兩端的防守。
3. 挑後場球時，儘量挑得高、遠，接近底線，為己方爭取時間調整為防守站位。
4. 對方來球直接撲向己方後場時，則應儘量將球挑回對方後場，然後迅速調整為防守站位。

小提示：

跑位原則其實很簡單，即以己方場地中心為對稱點，和隊友保持對稱站立，在不斷的跑位變化中，及時進行對稱方向的補位。

雙打接發球

雙打接發球,從接球位置上區分,可分為接發網前球和接發後場球。

雙打接發球

雙打接發網前球

雙打接發網前球,一般用撲球、放網前球、搓球、推球、勾對角球、挑球等方法進行還擊,其中挑球是沒有搶到主動權時的權宜之舉,不宜多用。

1. 用接發球的準備姿勢站立,左腳在前,右腳在後,注視前方,關注來球。

2. 判斷來球,然後左腳蹬地,右腳向左前方跨出一步,反手握拍。

3. 擊球時,拍面立起來,用正拍面搓擊來球的底部,使球旋轉過網,落於對方前場網前。

不同角度動作展示

雙打接發後場球，先準備好啟動，判斷準對方來球的球路後，儘量把球壓到對方後場。

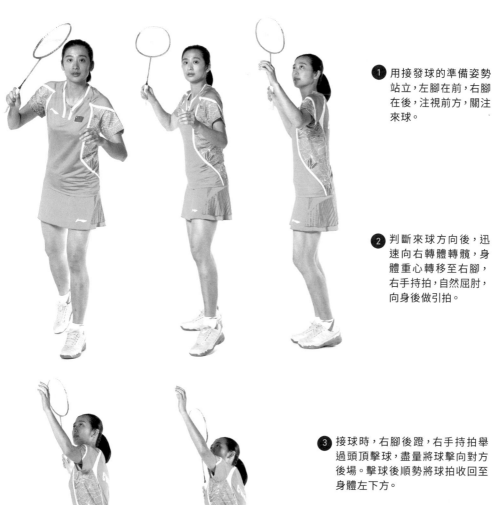

① 用接發球的準備姿勢站立，左腳在前，右腳在後，注視前方，關注來球。

② 判斷來球方向後，迅速向右轉體轉髖，身體重心轉移至右腳，右手持拍，自然屈肘，向身後做引拍。

③ 接球時，右腳後蹬，右手持拍舉過頭頂擊球，盡量將球擊向對方後場。擊球後順勢將球拍收回至身體左下方。

MEMO

盡量擊出高弧線的後場球。

173

接發網前球，關鍵在於搶到對方來球在飛行中的最高點，根據最高點位置採取相應的擊球方式。一般採用撲球，或將球壓到對方中場兩側，迫使對方從較低點回球，己方可趁機再次撲殺。搓放網前球和勾對角球都是較好的回球方式。

撲球

將球撲向對方中場兩側，迫使對方低手回球。

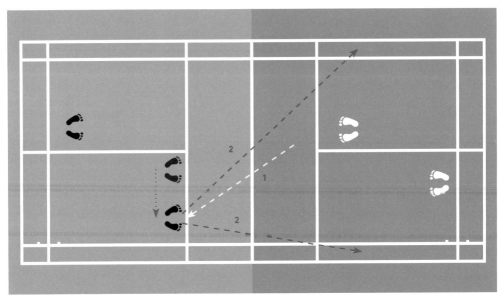

*   為對方來球方向，－ ➤ 為回擊方向，⋯⋯➤為接發球方球員移動軌跡，   為發球方球員移動軌跡（後面的案例中會出現）。後同。

搓放網前球

將球搓向對方網前兩角，迫使對方在較低的點回球，有利於己方撲球。

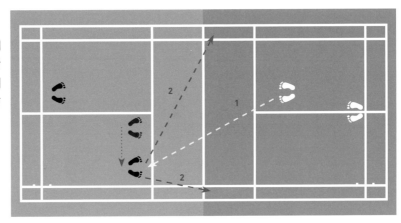

174

勾對角

對方發來的球靠近己方前場邊線時，可用勾對角球技術將球回擊到對方網前靠側邊的位置。

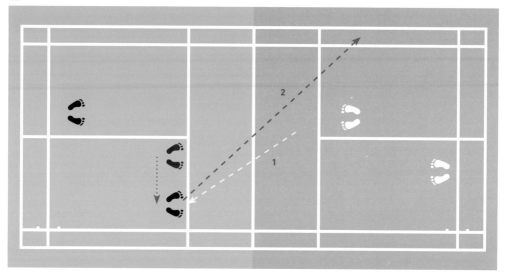

■ 雙打接發後場球戰術

接發後場球，主要策略是殺發球員的追身球；或者回擊平高球，將球擊向對方底線兩側；如果處於被動地位，則儘量用高遠球，將球擊向對方後場，給己方爭取時間。

殺追身球

剛發完球的發球員還處於移動狀態，且持拍方式還沒有轉變為最佳的防守持拍方式，此時殺追身球威脅最大。

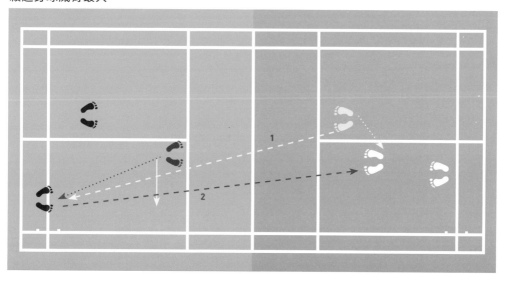

回擊平高球

接法球員未能判斷對方發球球路，沒有做好充分準備的情況下，可以用平高球將球擊向對方後場兩角。平高球球速較快，給對方還擊造成一定難度。

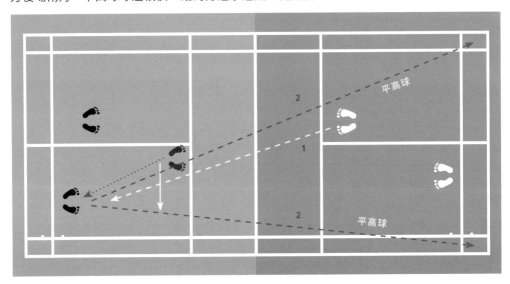

回擊高遠球

如果己方沒有做好準備，來球使自己處於被動地位，則可以回擊高遠球，使球向對方後場飛去，弧線高，時間長，給己方贏得調整時間。

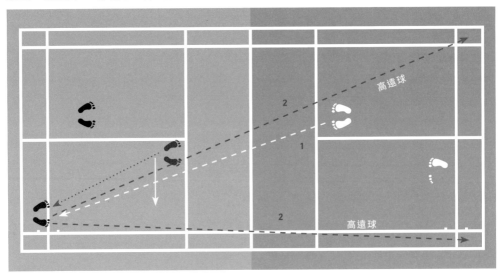

小提示：
除了根據對方發球的位置來決定回球方式外，還可以根據對方及自身的技術特點來選擇回球方式：如果對方攻擊力不足，可以直接將球擊向對方底線兩角；如果對方的反手能力較差，可以將球壓向的對方的反手底線。

雙打造成對方被動局面的接發球戰術

在雙打中，如果接發球時，能造成對方被動的局面，迫使對方被動擊球，對己方自然非常有利。

擋網前兩角

此方法，主要是將球回擊到和對方發球員呈對角線的位置的網前。接發球員位於右區時，可用反拍將球輕送至對方網前左角，當接發球員位於左區時，可用正拍面將球輕送至對方網前右角。

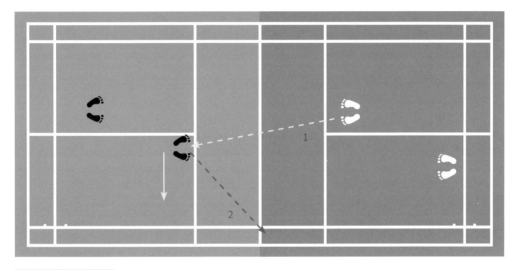

直線推後場兩角

接發網前球時，迅速將球推向後場兩角，如果球的速度快，位置準確，則具有較大威脅力，迫使對方被動回球。不過，儘量不要推斜線球，容易被發球員攔下，而且由於距離遠，球速會較慢。

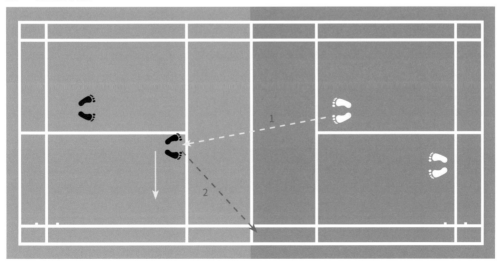

4 雙打進攻戰術

攻人戰術

對方的兩名隊員，技術水準不平衡時，常用這種戰術，但也同樣適用於對方兩名隊員技術水準較均衡的情況。通常情況下，將球下壓至前場，兩人合力攻擊前場球員。此時，若對方後場球員意圖上前緩解被動局勢，則可趁機偷襲後場。

1.將球壓至對方前場，合力攻擊前場，使對方前場隊員疲於應付，然後找機會突襲前場。

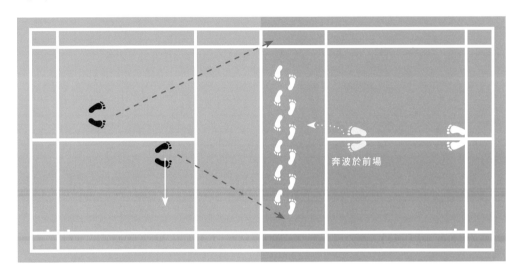

2.如果後場隊友上前救場，則後場出現大的空檔，此時也可向對方後場進行突襲。

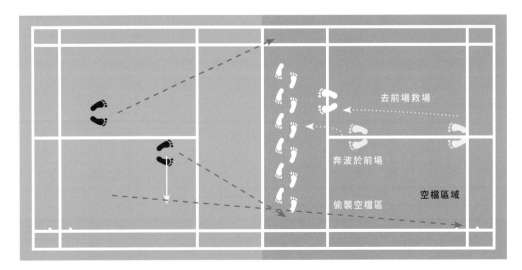

攻中路戰術主要針對配合不默契的對手。如果對方是左右站位，可將球擊向兩人中間，造成對方出現搶球回擊，或讓球漏接的狀況。如果對方是前後站位，可將球擊向對方中場兩側邊線處，使對方前場隊員不易接球，而後場隊員只能低手位接球。

1.將球擊向對方兩隊友中間，使其出現爭相擊球或者互相讓球的狀況。

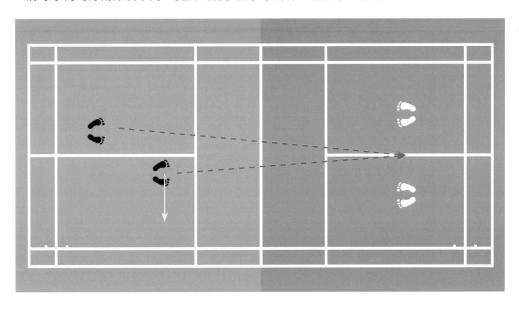

2.將球擊向對方中場兩側邊線，對方後場隊員奔向兩側被動低手擊球，對己方有利，再加上後場出現空檔區域，可趁機突襲後場。

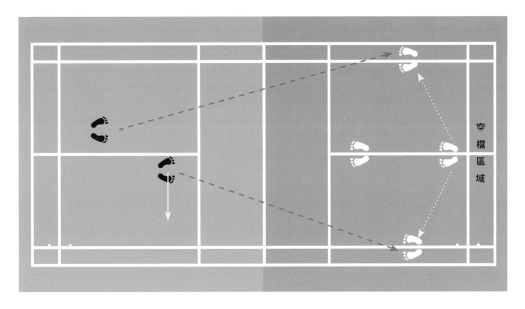

拉後場球進行反擊戰術

如果對方後場隊員的扣殺能力較差，可使用此種戰術。此戰術綜合運用擊後場球技術，將對方的一名球員鎖定在後場來回奔波，待其回球品質不高時，伺機突襲中後場。如果前場隊員意圖退回後場救援，可伺機突擊前場。

1.將球擊向對方後場底線兩角，使對方後場隊員疲於奔波。

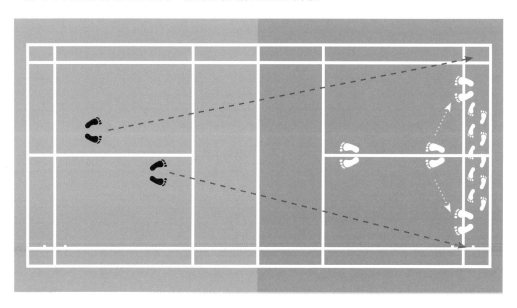

2.如果對方前場隊員到後場救援，則前場出現空檔，趁機突襲前場。

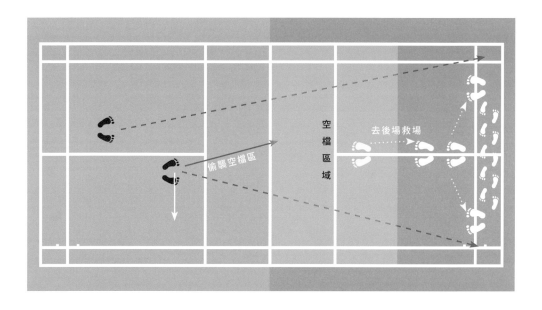

如果己方隊友之間配合默契，而且前場隊員網前技術很好，可採用此種戰術。前場隊員透過嫻熟的網前技術，迫使對方起高球，此時己方可趁機殺球。

1．將球擊向對方網前，對方被迫上網起高球，己方可趁機殺向對方中場邊線。

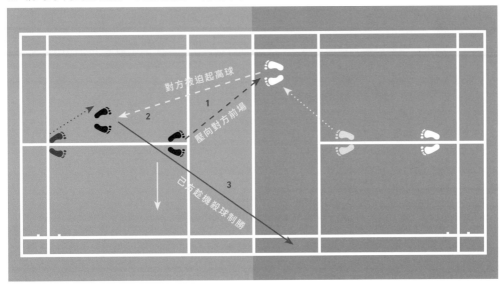

2．對己方的殺球，對方能勉強救起，在回球品質不高的情況下，己方可在網前繼續封殺。

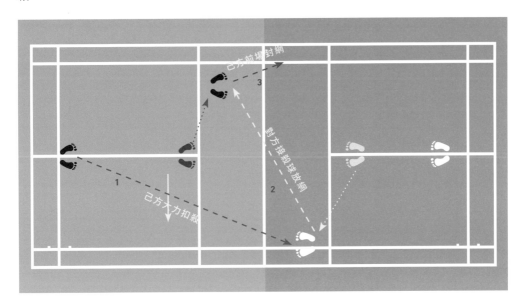

5 雙打防守戰術

在雙打比賽中，有時不免被對方控制著比賽節奏，使己方處於下風，被迫防守。此時為了打破對方的比賽節奏和進攻勢頭，可抓取時機進行反擊，轉守為攻。

調整站位

原則上，兩人的移動形成互補的情況，一人跑動擊球時，另一人則迅速補上空檔位置。

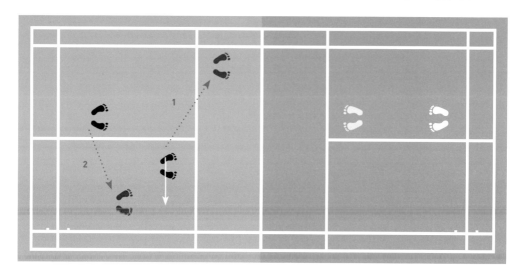

直線後退

網前挑高球後，一定要直線後退，切忌對角線後退。直線後退距離短，速度快，可以迅速回到站位，而對角線後退的距離較長，移動的軌跡比較暴露，很容易被對方打追身球。

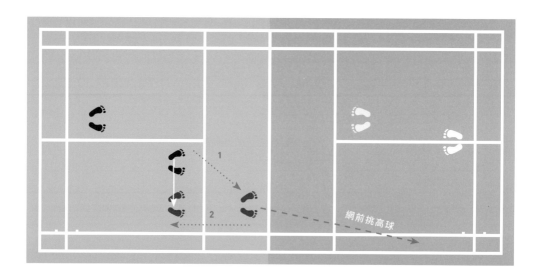

對方為攻方,一人殺球,一人封網,兩人處於同半邊場地,前後位於一條直線上,己方接殺球時,應把球擊回至對方空出的半場(或其後場)。

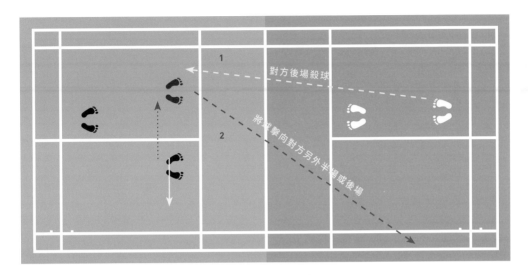

防守球路2

對方為攻方,一人殺球,一人封網,前後處於對角線上,己方接殺球時,可將球擊至殺球者所在半場的網前,或者封網者半場的後場。

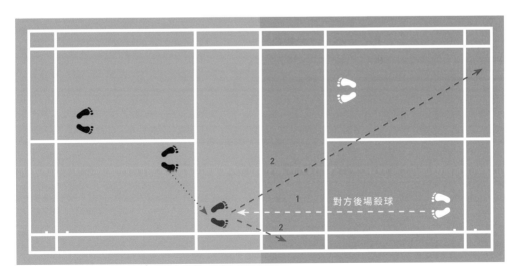

對方為攻方,對方殺球者殺對角線球,而另一名隊員也退到後場去助攻,己方接殺球時,將球還擊到對方網前。

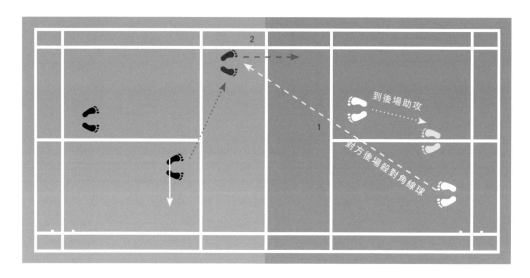

對方為攻方,可以把攻方殺來的直線球挑對角線球,或者將對方殺來的對角線球挑直線球,以此調動對方往後場跑動。

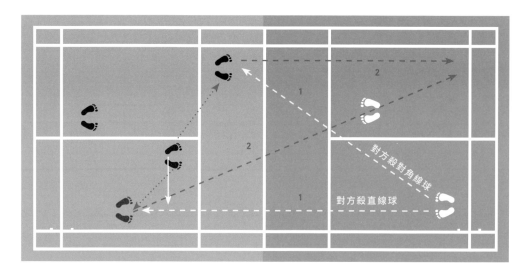

184

6 雙打常見配合失誤

接中路球

當對方擊來中路球時，己方兩名隊員經常會出現互相讓球或互相爭搶的情況，結果造成漏球或搶球失誤。對於中路球，以下三種回擊方式較合理。

情況一：平行站位。如果兩人都是右手執拍，由左邊的球員接球更為便利。

情況二：平行站位。如果兩人分別為左、右手執拍，原則上由右手執拍的球員接球，也可以按照兩人的約定來處理。

情況三：前後站位。兩人為前後站位，如果來球過前場球員的頭頂，則由後場球員來接球。

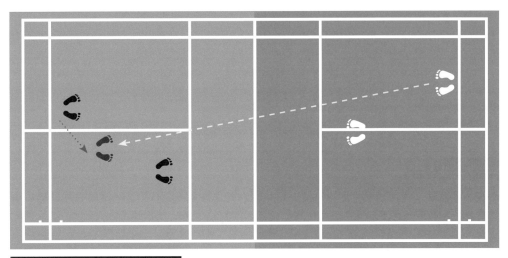

進攻轉防守時前場跑位失誤

常見錯誤做法：前場球員由進攻轉防守時，在網前右場挑球後，迅速移向左後場。這樣不僅造成混亂，而且跑位時耗時較長，不利於防守。

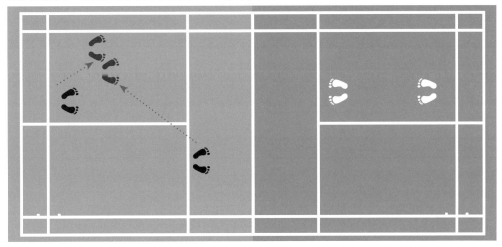

正確做法：前場球員在網前右場挑球後，迅速直線退回右後場，後場球員則迅速移向左前場進行防守。

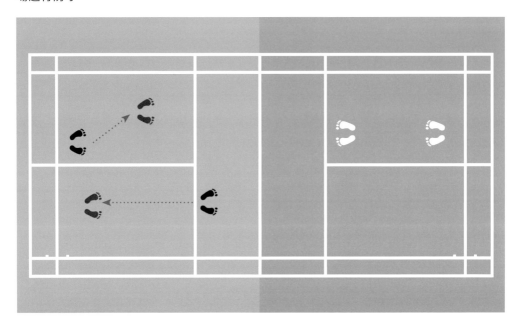

常見錯誤做法：後場球員由進攻轉防守時，在右後場擊完高遠球後，迅速轉向左前場。這樣不僅耗時較長，而且容易造成兩位球員相撞，不利於防守。

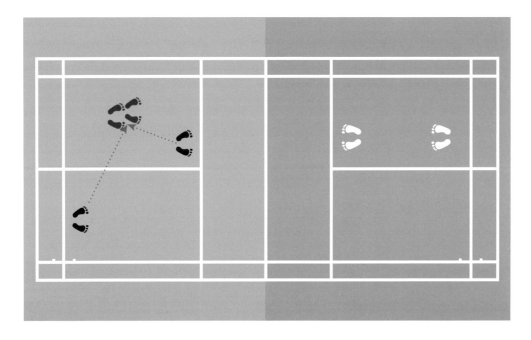

正確做法：後場球員在右後場回擊高球之後，向前移動到右場中部，而此時搭擋由前場迅速退至左場中部。

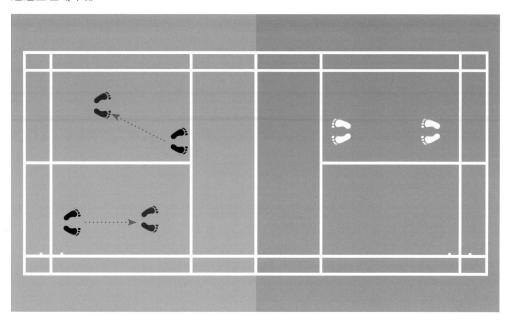

前場搭擋搶中場球

常見錯誤做法：當來球越過前場球員的頭頂，飛向中場時，前場球員向中場後退接球，不僅接球費力，回球品質不高，而且使前場另一側出現空檔區。

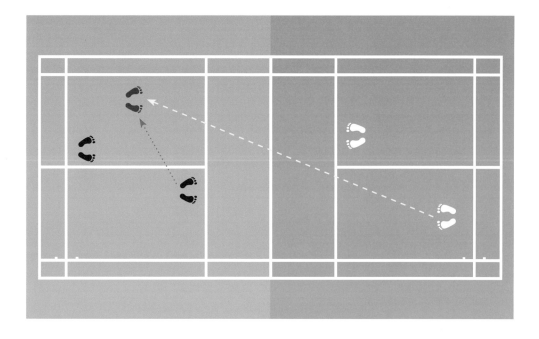

正確做法：當來球越過前場球員的頭頂，飛向中場時，由後場球員迅速移向中場來接球，而此時前場球員稍稍向另一側的後場移動，保護後場。

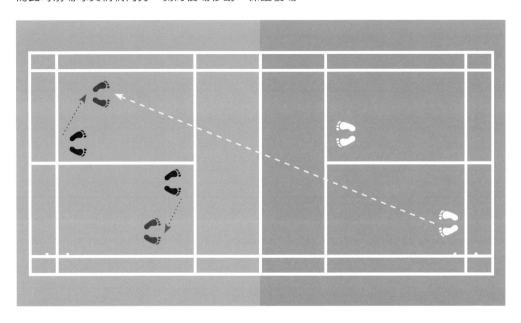

後場搭擋搶前場球

常見錯誤做法：兩人前後站，對方來球飛向前場右半場，後場球員移動上前擊球，從而使左後場出現大片空檔。

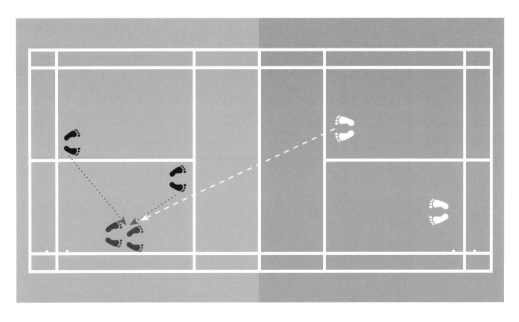

正確做法：兩人前後站，對方來球在前場時，由前場球員擊球，後場球員注意防守後場。

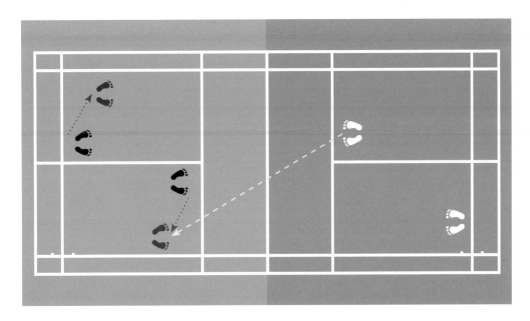

常見錯誤做法：發後場球後，不迅速後退，而是站在原地，前後站位是進攻站位，這樣不利於接第三拍。或者發球後向左場移動，也是錯誤的。

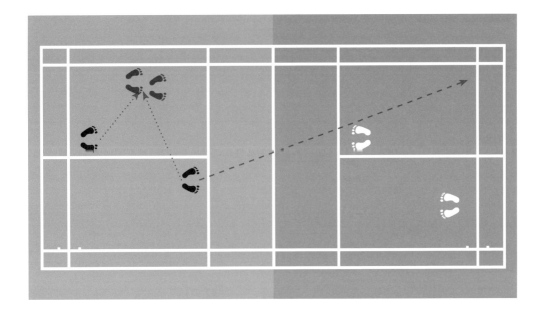

正確做法：發後場球後，發球者迅速後退至右場中部，搭檔向前移動左左場中部，形成左右平行的防守站位。

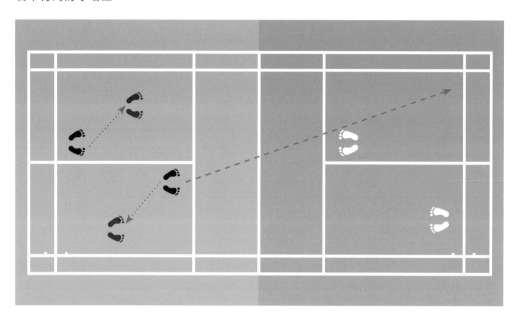

發前場球後，發球者站位錯誤

常見錯誤做法：發前場球後，迅速後退，而後場搭檔又不能及時上前，造成第二拍封網失利。

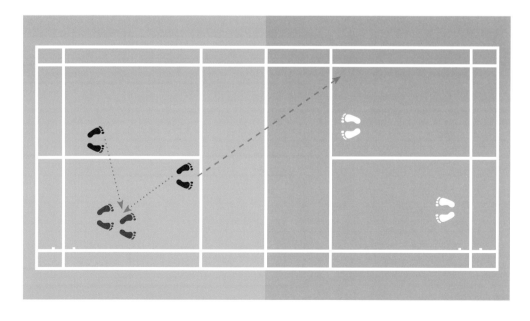

正確做法：發前場小球後，仍採取前後站位，及時進行前場封網。

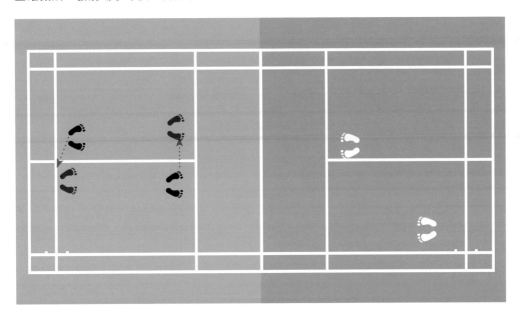

7 混雙戰術

混雙也就是男女混合雙打，每一對搭檔都由一男一女組成。混雙的賽場規則和雙打一樣。由於混雙的一對搭檔中，男女身體素質不同、技術技巧各異，因此展現出不同的打法特點。如果比賽中搭檔之間能夠默契配合，就會充分展示出混雙的魅力。混雙的戰術可參考雙打戰術，但是除此之外，混雙還具有自身特點的戰術。

男球員後場進攻，女球員前場封網

由於男球員身體素質好，絕對力量大，殺球力度強，比較適合在後場組織進攻，而女球員手法細膩，觀察力好，同時力度又較柔和，比較適合在前場控球封網。（左半區，黃色腳印為女球員，藍色腳印為男球員。後同。）

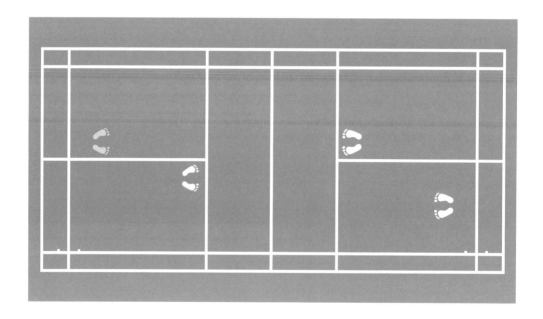

女球員發網前小球

女球員發球時，最好發網前小球，並在發球後快速準備封網。

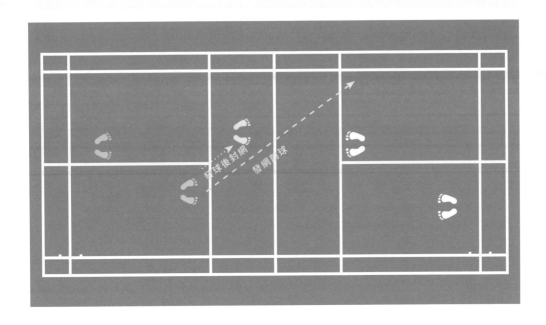

男球員發球時的隊員站位

男球員發球時，女球員站於前場的T區，彎腰半蹲舉拍，避免給男球員的發球造成干擾。
男球員站在中場位置發球，發球後在後場負責進攻，女球員在前場負責封網。

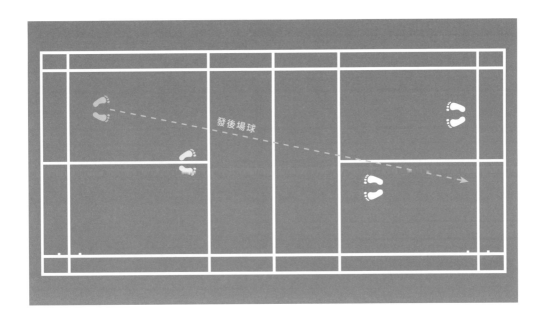

被迫防守時，女球員可直線後退（後退至距離發球線1公尺距離），防守三分之一的場地，男球員則移動至距離發球線1.5公尺左右的距離，負責剩下的三分之二的場地。

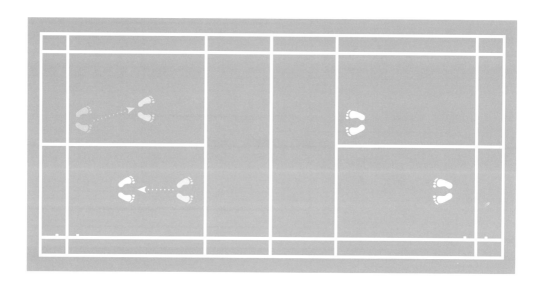

男球員處理網前球時

男球員處理網前球時，儘量不要放網前球，可以採用多種技術使球的落點富於變化，這樣可以為女球員的回位提供機會，否則女球員會被持續留在後場，不利於整個場面控制。

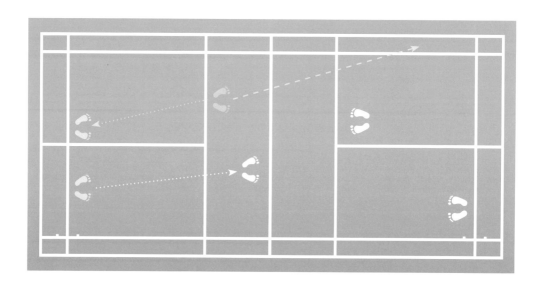

女球員不起高球

女球員處理網前球時，可以採用多種技術靈活處理來球，以控制落點，給搭檔創造攻擊機會，最好不要起高球，否則會很容易把己方陷入被動地位。

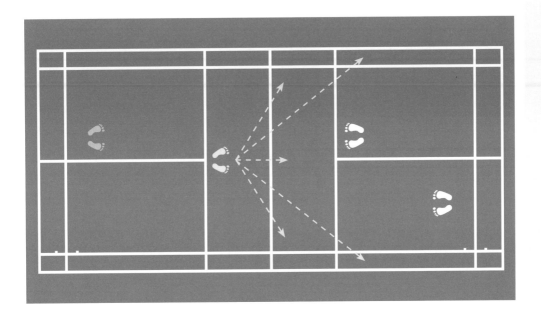

第7章

高手進階篇

這一章主要對高手進階做介紹和講解。其中包括技術提高、戰略戰術提高。

1 戰略進階

原則性進攻戰術談

如果想在賽場上掌握主動權，進而克敵制勝，需要有效的進攻戰術。總體上掌握一些原則性的戰術，是非常有必要的。下面就來介紹一下。

多打重複球進攻

重複平高球進攻：

適用物件——回動上網較快、後場球控制能力差、側身步法較差的對手。

球路——重複平高球進攻對方同一後場區，直接迫使對方失誤，或迫使對方回擊半場高球，利於己方殺球制勝。

重複殺球：

適用對象——防守時習慣反拉後場球的對手。

球路——不急於上網，而是要重複殺球，輕殺、短殺重複使用。殺球後及時調整自己的位置，以便於下一次快速啟動殺球。

重複推球：

適用物件——習慣攔網後快速回中的對手。

球路——重複推球，最好是重複推網前直線球，使對方疲於奔跑於網前和場地中心。

重複吊球：

適用對象——適用於上網步法差、後場步法差的對手。

球路——重複吊球，吊兩邊或一邊，掌握主動權，伺機一招制勝。

兩側勾球

適用對象——左右轉體較差、不靈活的對手。

球路——己方從網前勾對角網前球，此時對方大多會搓回一個直線網前球，想趁機後退進攻。此時己方可再次勾對角網前球，使對方沒有機會進攻。

慢吊快吊（劈吊）相結合

適用對象——穩定性、敏捷性較差的對手。

球路——慢吊，就是從後場吊向網前的球，速度慢，弧度大，落點距離網前近。快吊（劈吊）則是將球從後場吊向網前時，球速快，基本呈直線，落點離網較遠。這樣可以很好地將對方的站位前後拉開，等對方失去重心時，可趁機殺球制勝。

長殺和短殺（點殺、劈殺）相結合

適用對象——穩定性、敏捷性較差的對手。

球路——採用直線長殺、對角線短殺相結合，較難防守，對方需要移動的距離較遠，疲於奔跑，且回球品質不高，為最後一擊創造機會。

重殺與輕殺相結合

適用對象——穩定性、敏捷性較差的對手。

球路——中場重殺、後場輕殺相結合。利用吊球迫使對方打出中場球，這時可以用重殺；如果對方將球壓向後場，可採用輕殺，因為後場輕殺更容易控制好身體重心，以更好地處理網前球，而中場的重殺，即使控制不住重心也沒有太大影響，因距離前場較近，同樣能夠上網封球。

2 培養球場好習慣

培養好習慣，避免壞習慣

羽毛球運動的技巧性很強，常常是一個細節決定成敗，因此，培養良好的場上習慣十分有必要。下面來具體羅列講解。

培養好習慣

踮腳跑

在場地上養成踮腳跑的習慣，可以使腳步更敏捷，跑速更快，有助於把握主動權。

啟動小跳

養成啟動小跳習慣，會使啟動速度快，移動更敏捷，並可增加接殺球的快速反應能力。

後場球跳一下

打後場球時，如果跳一下，可以有效提高擊球點，發力的角度也更佳。這個「跳」，是單腳跳，重在蹬地發力，不要求跳得很高。

保持防守站姿

球場上要養成保持防守站姿的好習慣，防守站姿即：踮腳，雙膝微曲，持拍手前伸，目視對方持拍手。

場上舉拍

養成舉拍的習慣。在場地上奔跑廝殺時，一直舉著拍子，隨時準備擊球，進行封網，十分有助於防守。

多側身

場地上多保持側身，尤其是在向後場移動的時候，這樣可以速度更快，擊球點更準，發力好，威脅大。

避免壞習慣

雙腳平行等球

雙腳忌左右平行站位，宜前後站位，加快上網啟動速度。

發完球就後退

無論是單打還是雙打，發完球就後退均是不好的習慣，容易陷入被動。根據自己的發球品質、對方接發球的水準來決定後退還是上網。

雙打補位不及時

雙打中，隊友在回球時，自己不能只在一邊觀看，而應根據隊友的移位，隨時準備補上空檔。

雙打前場不舉拍

雙打中，前場負責網前的人，總是垂下拍子等球，而沒有舉起拍子的習慣。前場擊球，一般是自上而下的，如果沒有養成舉拍的習慣，則會浪費掉寶貴的進攻時機。

重心太穩

等球時，不少球友習慣站得太「死」，這樣很不利於下次啟動。正確的做法應該是將重
心放在前腳掌，腳跟離地，有利於快速啟動。

非持拍手不能配合

很多球友在整個擊球過程中，非持拍手不能有效配合擊球動作，或者保持不動，或者很鬆懈等。非持拍手的配合，可以發揮保持身體平衡的作用，並且有助於身體協調發力。

撿球

球落地成死球後，有不少球友沒有主動撿球的習慣，這是「球品」。自己打下網或距離自己較近的球要自己撿起來，尤其不能用腳踢給對方，這是最起碼的球場禮儀。

打球前沒有充分熱身

打球前不做準備活動，身體各部位的關節和肌肉沒有熱起來，運動時容易拉傷。

打球後沒有進行放鬆練習

打球後，身體各部肌肉在運動中收縮強烈，有些肌肉還處於缺氧狀態，此時不宜直接坐下、喝水或者換衣服，這樣不利於身體的恢復，容易造成運動後肌肉酸疼。正確的做法是慢走幾圈，做幾組肌肉拉伸。